HISTORIQUE ABRÉGÉ

DU

45ᴱ RÉGIMENT D'INFANTERIE

HISTORIQUE ABRÉGÉ

DU

45ᵉ RÉGIMENT

D'INFANTERIE

(1643-1898)

Par le Capitaine X. POLI

PARIS

CHARLES-LAVAUZELLE

Éditeur militaire

e Danton, Boulevard Saint-Germain, 118

—

(MÊME MAISON A LIMOGES)

HISTORIQUE ABRÉGÉ

DU

45ᵉ RÉGIMENT

D'INFANTERIE

(1643-1898)

Par le Capitaine X. POLI

PARIS

HENRI CHARLES-LAVAUZELLE

Éditeur militaire

10, Rue Danton, Boulevard Saint-Germain, 118

(MÊME MAISON A LIMOGES)

HISTORIQUE ABRÉGÉ

DU

45ᴱ RÉGIMENT D'INFANTERIE

CHAPITRE Iᵉʳ.

Le 45ᵉ régiment d'infanterie sous l'ancienne monarchie. — Régiment de la Reine-Mère (1643-
1666). — Régiment d'Artois (1666-1673). — Régiment de la Couronne (1673-1791).

Régiment de la Reine-Mère.

(1643-1666.)

Jusqu'en 1791, les régiments pre-
naient les noms de leurs colonels, le nom
d'un prince ou celui d'une province, et
n'avaient de numéro que pour indiquer
l'ordre de préséance qu'ils devaient garder entre eux.

Le régiment qui, sous l'ancienne monarchie, porta successivement les noms
de *La Reine-Mère*, d'*Artois* et de *la*

Couronne, se trouvait classé, en 1791, au 45e rang de l'infanterie de l'armée; il prit, par application du règlement du 1er janvier de cette même année, l'appellation plus simple de 45e régiment d'infanterie.

La Reine-Mère est le 1er corps qui ait été formé sous le règne de Louis XIV. Dès les premiers jours de sa régence, Anne d'Autriche donnait au duc de Vitry une commission pour lever un régiment d'infanterie, sous le nom de La Reine-Mère (25 juin 1643).

Organisé à Troyes, le régiment se rendait bientôt à Bar-le-Duc et de là à Thionville, où il assistait aux dernières opérations du siège (août 1643).

La Reine-Mère passe ensuite à l'armée d'Allemagne, il prend part au siège et à la prise de Rothweil et combat à Tuttlingen et à Mehringen.

En 1644, nous le trouvons en Flandre, où il se distingue au siège de Gravelines. Le capitaine de Prémont, qui le commandait en l'absence du mestre de camp, fut grièvement blessé à l'attaque du 23 juillet.

Après avoir passé l'hiver dans le Bourbonnais, La Reine-Mère arrive, en juillet 1645, devant Mardyck; le 6, il se couvre de gloire à l'attaque du fort de

Rantzaw; le duc de Vitry, le major de Liège et tous les officiers se jettent dans les fossés remplis d'eau et, à la tête de leurs hommes, se précipitent sur les retranchements, avec tant d'impétuosité que l'ennemi s'empresse d'abandonner l'ouvrage.

Au siège de Lillers (août 1645), le major de Liège est mortellement frappé, en montant à l'assaut à la tête du régiment.

En 1646, La Reine-Mère prend part aux sièges de Courtrai, de Berghes, de Dunkerque, et, dans la campagne suivante, à ceux de Dixmude, de Lens et à la prise de la Knoque; il se distingue, en 1648, à la bataille de Lens, où le colonel de Vitry est blessé.

Mêlé aux dissensions intestines de la Fronde, le régiment n'entre de nouveau en campagne qu'en 1653 ; au mois de juillet, il franchit les Pyrénées et vint prendre sa place au siège de Girone. Au moment de monter à l'assaut, les soldats de La Reine-Mère furent sur le point d'en venir aux mains avec ceux d'Auvergne, les uns et les autres faisant valoir leurs droits pour le poste d'honneur.

Après avoir passé deux années en Espagne, le régiment retourne dans le nord de la France et prend part aux sièges de La Capelle et de Dunkerque (1655-1658).

Après la paix des Pyrénées (1659), il est réduit de vingt à dix compagnies.

En 1666, survient la mort de la reine Anne d'Autriche; le régiment échange alors son titre de La Reine-Mère pour celui d'Artois.

Régiment d'Artois.
(1666-1673.)

Sous ce nouveau nom, le régiment prend part, pendant la guerre pour le droit de dévolution, à la campagne de 1667, en Flandre, et à celle de 1668, dans la Franche-Comté. En septembre 1670, il fait partie du corps d'armée employé en Lorraine et contribue à la prise de Longwy.

En 1671, il est porté à deux bataillons de dix compagnies chacun.

L'année suivante, au début de la guerre contre la Hollande, Artois est désigné pour faire partie de l'armée de Turenne. Il assiste aux sièges d'Orsoy, de Rheimberg et mérite les éloges de Louis XIV à l'attaque de Burick, où quatre capitaines tombent glorieusement, après avoir donné des marques frappantes de leur courage.

En 1673, nous le trouvons au siège de Maëstricht, où il se couvre d'une gloire immortelle.

Le 18 juin, à l'attaque de l'ouvrage à couronne, plusieurs régiments se font écraser infructueusement, sans pouvoir s'en emparer. Louis XIV lui-même donne alors l'ordre de faire avancer Artois. Le régiment, les officiers en tête, s'élance vaillamment en avant; la compagnie des grenadiers est anéantie et les bataillons font des pertes considérables, mais finissent par refouler les défenseurs, qui, par quatre fois, reviennent inutilement à la charge.

Le lendemain, Artois était relevé par un autre régiment qui se laissa malheureusement déloger par les Hollandais. Louis XIV confia encore à Artois, et *contre son rang*, la mission de réparer cet échec. Les soldats, se piquant d'honneur, s'élancèrent à l'attaque avec une nouvelle fureur, et, après une lutte acharnée, pénétrèrent dans l'ouvrage, sous les yeux même du roi. Dès lors, le régiment eut la charge d'occuper lui-même et de défendre le fort si vaillamment conquis, jusqu'à la reddition de Maëstricht, qui capitula le 29 juin.

Artois avait fait des pertes considérables : 7 officiers et plus de 200 soldats avaient trouvé une mort glorieuse dans les divers assauts. Aussi Louis XIV tint-il à le récompenser de sa belle conduite et, pour lui donner une marque d'estime et de reconnaissance, il ordonna qu'il devînt *régiment royal* en prenant le nom de La Couronne. De plus, les drapeaux du corps durent porter en leur centre une couronne dorée avec l'inscription latine : « *Dedit hanc Mastrika coronam;* Maëstricht donna cette couronne. » (1).

Bien antérieurement à 1673, il y avait un régiment de La Couronne; il eut le malheur de faiblir devant l'ennemi; alors Louis XIV le chassa de l'armée et donna ce nom, comme une croix d'honneur, à son régiment d'Artois qui, sous ses yeux, venait d'accomplir tant de prodiges de valeur.

Régiment de la Couronne.

(1673-1791.)

Au commencement de 1674, La Couronne se rend en Franche-Comté; embrigadé avec Royal, il prend part à la conquête de cette province. Après la prise

---

(1) Cette couronne fut gagnée au siège de Maestricht.

de Besançon et de Dôle, il entre en Lorraine.

La France avait alors à lutter contre toutes les puissances d'Europe coalisées à La Haye, mais la France avait Turenne.

Sous ce grand général, La Couronne franchit le Rhin, dès le mois de juin; il contribue à la victoire d'Ensheim, le 16. Dans l'immortelle campagne d'Alsace, il se distingue à la bataille de Turckeim et force les Allemands à repasser le Rhin. Malheureusement, la mort de Turenne vint interrompre nos succès (1675).

Sous le maréchal de Créqui, le régiment assiste aux sièges de Dinant, Huy et Limbourg et se trouve, le 11 août, au funeste combat de Consaarbruck. Accablés par le nombre, nos bataillons sont obligés de céder ; le colonel de Genlis-Bethencourt, la plupart des officiers et plus de mille soldats se sacrifient pour sauver l'honneur du drapeau et préfèrent mourir que de voir les malheurs de la patrie. Six officiers et soixante hommes à peine parviennent à gagner Metz.

A peine remis sur pied, La Couronne passe en Flandre; il fait, en avril 1676, le siège de Condé, couvre en mai les opérations de celui de Bouchain et coopère à la prise de Landrecies et d'Aire. L'année suivante, il se distingue au siège de Saint-Omer. Le 11 avril, une grande bataille s'engage sur la route de Cassel ; aux premiers coups de feu, le régiment se porte avec Royal et Anjou à l'attaque de l'abbaye de Peene. Après une lutte acharnée, la position est enlevée, mais nous avions à déplorer la mort du colonel de Genlis-Prayart et d'un grand nombre d'officiers et soldats.

Après cette bataille, La Couronne se dirige sur Stenay et va rejoindre l'armée du maréchal de Créqui chargé de tenir tête au duc de Lorraine; il se trouve ainsi, le 15 juin, au combat de Morville, près de Pont-à-Mousson, où le lieutenant-colonel de Préfontval est tué; le 29, il combat à Sainte-Barbe, près de Metz, et le 14 novembre, il entre dans Fribourg par la brèche. De retour en Flandre, en 1678, il participe aux sièges de Gand et d'Ypres et assiste à la bataille de Saint-Denis, aux portes de Mons. En 1679, au moment de la paix de Nimègue, il était en Allemagne.

Guerre de la ligue d'Augsbourg.
(1688-1697.)

Pendant les quatre années de paix qui

suivirent la paix de Nimègue, La Couronne tint garnison sur la frontière du Rhin. Après avoir travaillé aux fortifications de Strasbourg et de Huningue, il se trouvait à Traerbach lorsque éclata la guerre.

Au début des hostilités, il vint rejoindre l'armée de Boufflers, qui faisait le siège de Kreuznach; après la prise de cette ville, il se transporte devant Mayence, qui capitule sans résistance (1688). Le 2 août 1689, le 1er bataillon rallie l'armée du maréchal de Duras et prend part à la conquête du Palatinat. Tout le régiment sert, l'année suivante, dans la même armée, sous les ordres du Dauphin et du maréchal de Lorges. Les villes de Wirlock, Bruksal, Durlach et Rastadt tombent entre nos mains; la brigade de Picardie, dont le régiment faisait partie, « marchait à tous ces petits sièges en avant de l'armée, avec l'artillerie ».

Après cette campagne, La Couronne prit la route du Piémont; en 1691, on le trouve à la conquête du comté de Nice. Il garde pendant l'hiver les débouchés de la Savoie, et, en 1692, il est appelé dans les Flandres, à l'armée du maréchal de Luxembourg, et prend une part active à la victoire de Steinkerque; il assiste ensuite aux sièges de Charleroi et de Furnes (1693). Il se trouvait dans le Palatinat lorsqu'il est rappelé à l'armée d'Italie, commandée par le maréchal de Catinat. Pendant deux ans, il reste dans la péninsule, occupé à soutenir une guerre d'escarmouches contre les Barbets. En 1696, il rentre en France et nous le retrouvons sur la Meuse, puis au camp de Compiègne, où, le 23 septembre 1697, il reçoit par incorporation le régiment du comte d'Hautefort-Bosen.

Le traité de Ryswick avait mis fin aux hostilités.

Guerre pour la succession d'Espagne.
(1701-1713.)

L'élévation du duc d'Anjou au trône d'Espagne rallume la guerre. En avril 1701, La Couronne est dirigé sur la Hollande, pour garder la Meuse : le 1er bataillon occupe Venlöo, le 2e le fort Saint-Michel. Un détachement de cent hommes, commandés par quatre officiers, occupe Kayserswœrth; cette petite garnison résiste, pendant cinquante-neuf jours, aux efforts de l'armée du prince de Nassau. Soixante-quatre soldats et trois officiers payent de leur vie cette résistance acharnée; une si belle conduite vaut aux survivants les honneurs de la guerre.

Après la campagne de 1702, le régiment prit ses quartiers d'hiver dans la ville de Bonn. Dès le printemps suivant, le duc de Marlborough vint assiéger la place et poussa, durant treize jours, ses attaques avec la plus grande vigueur. La Couronne se couvrit de gloire à la défense des remparts : dans une sortie qui eut lieu le 13 mai, sur cinquante hommes qui se jetèrent sur l'ennemi à la suite du capitaine d'Aultry-Varennes, huit seulement revinrent sains et saufs, après avoir encloué dix canons et six mortiers. « Le capitaine aurait pu sauver sa vie en se rendant, mais il aima mieux mourir libre et se fit tuer, les armes à la main. » Le lendemain, le capitaine de Guillancourt soutint avec autant de vigueur la défense d'un ouvrage tout ouvert et ruiné; les ennemis ne s'en rendirent maîtres qu'après la mort de cet officier; tout le poste, à l'exception de quatre hommes, s'était fait tuer sur place. Le 15, la garnison décimée sortait avec les honneurs de la guerre. La Couronne avait perdu neuf officiers et plus de deux cents soldats : le colonel marquis de Polastron et le major de La

Motte étaient grièvement blessés avec plusieurs centaines de leurs hommes.

Après avoir assisté aux sièges de Brisach, La Couronne est désigné pour faire partie de l'armée d'Espagne, sous le maréchal de Berwick ; arrivé, en février 1704, sur la frontière du Portugal, il contribue à la prise de Salvatierra, Segura, Portalègre, Montalvao, Marvao, à l'attaque de Gibraltar et à la belle défense de Badajoz ; détaché, le 14 janvier 1706, du camp de Balbastro, il livre un combat acharné aux Espagnols près de Saint-Estevan-de-Gormas. Le capitaine de Fleury, en chargeant à la tête de ses grenadiers, détermina le succès ; il resta sur le champ de bataille, avec les capitaines de Carnazet et de Monchy, trois autres officiers et plus de deux cents soldats. Le régiment va ensuite prendre sa place de bataille devant Barcelone, assiégé par le maréchal de Tessé ; il est ensuite chargé d'occuper Cuença, d'où il est dirigé sur Carthagène (1706).

Le 25 avril 1707, une grande bataille s'engage à Almanza. Vers 3 heures de l'après-midi, La Couronne, placé au centre de la première ligne, se porte en avant, en même temps qu'Orléans. Le colonel de Polastron dirige le mouvement. Nous sommes bientôt à quelques

pas des Anglais, qui font une décharge
générale de mousqueterie ; nos soldats
sont admirables de sang-froid, ils s'élancent à la baïonnette et ne tirent qu'à
bout portant; des rangs entiers jonchent
le sol. Perdant contenance, la brigade
anglaise recule en désordre, poursuivie
la baïonnette aux reins; dans la mêlée,
le lieutenant de Lavardin prend un drapeau qu'il agite fièrement au-dessus de
sa tête. Emportés par tant d'ardeur, officiers et soldats se trouvent bientôt en
avant de notre ligne et sont pris de flanc
par une brigade hollandaise. Le colonel
de Polastron voit le danger; il donne
l'ordre aux compagnies de se replier derrière un fossé; grâce aux belles dispo-
sitions de l'aide-major Ravy, le régiment se reforme sous un feu violent et
le combat continue avec un subline
acharnement de part et d'autre. Le colonel est tué en donnant ses ordres; le lieutenant-colonel de La Motte se porte aussitôt à cheval sur le front des bataillons
et ranime, par son exemple, le courage
de nos braves soldats. Le capitaine de
Flomont tombe glorieusement à la tête
de ses grenadiers, qui font des prodiges
à la droite du régiment ; assaillie par
tout un bataillon, cette belle compagnie
se maintient à notre droite, bien qu'elle

ait déjà perdu les trois quarts de son effectif. Le commandant de bataillon Patrocle, les capitaines de l'Ormois, Ferrieu, Chalvet, d'Eperville sont tués. Tués aussi, les lieutenants de Bonel, de Monchy et le brave de Lavardin, qui tombe enveloppé dans son trophée.

Mais ces héroïques efforts ne sont pas perdus. Notre résistance permet à Berwick d'envoyer des renforts; La Couronne reprend alors l'offensive et la victoire est à nous. Victoire chèrement payée par le régiment! Neuf officiers et trois cents soldats tués, trente officiers et neuf cents soldats blessés, proclament hautement que jamais troupe n'eut plus de courage et d'énergie.

Nous trouvons La Couronne aux sièges de Lerida (1707) et de Tortose (1708); à la prise de Dénia et d'Alicante (1708); aux combats de Castillon et de Girone (1709); rappelé en 1710 en Provence, pour se reformer, il repasse les Pyrénées et se distingue aux sièges de Girone, de Prato-del-Rey, de Cardone et à la belle défense du pont de Las-Carminas et de Girone (1711-1712).

Après le traité d'Utrecht, La Couronne reste en Espagne pour raffermir le duc d'Anjou sur son trône. Le maréchal de Berwick l'emploie au siège de Barcelone. La tranchée est ouverte le 13 juillet; dans la nuit du 24, nos deux compagnies de grenadiers parviennent à se loger dans le chemin couvert. Le 1ᵉʳ août, une cohue de moines, de femmes et d'enfants se montre sur la brèche; au centre de cette troupe flotte un drapeau. Un frisson d'espérance et de pitié parcourt nos rangs; nos artilleurs cessent de tirer; notre surprise est énorme quand on voit cette foule planter, au lieu du drapeau blanc, le drapeau noir, symbole du deuil et des sublimes désespoirs. La lutte s'annonce implacable.

Le 14, Berwick tente un nouvel assaut et le fait donner par vingt compagnies de grenadiers, dont celles du régiment; le comte de Polastron est à leur tête. Nos soldats s'élancent courageusement en avant; les habitants les reçoivent vaillamment et combattent en furieux, comme il convient à des hommes libres soucieux de leur indépendance; pas un ne recule. Le courage confond les états; les prêtres et les moines dépassent les bornes du dévouement; ils sont les premiers aux coups, à la mort, les derniers à se plaindre.

Dès le début de l'engagement, le colonel de Polastron tombe grièvement blessé. Après huit heures d'une lutte sans merci, nous restons maîtres du bastion Sainte-Claire; le lieutenant-colonel de La Motte s'efforce de s'y maintenir. Huit fois, il résiste aux attaques de la défense : « On se battait d'homme à homme, le plus fort égorgeait son ennemi et se trouvait souvent enseveli sous ses camarades expirants.» Après quatorze heures de carnage, il fallut céder : « il ne restait que dix-huit grenadiers des deux compagnies de La Couronne; aucun n'était sans blessure ». Tous leurs officiers avaient été tués.

Le 11 septembre, après un assaut où le régiment prit sa revanche, les remparts furent forcés. Les assiégés tentèrent encore de résister en se défendant dans les rues, maison par maison, mais la lutte ne put se prolonger longtemps; l'armée prit possession de Barcelone le même jour et Berwick dicta la capitulation.

La Couronne avait perdu à ce siège le major de Noguès, plusieurs capitaines et lieutenants et près de quatre cents soldats; parmi les blessés étaient le colonel de Polastron et le lieutenant-colonel de La Motte.

Guerre contre l'Espagne.
(1719.)

En 1719, la guerre recommença et cette fois ce fut contre l'Espagne, pour laquelle la France venait de faire tant de sacrifices. La Couronne contribua à la prise de Fontarabie, de Saint-Sébastien et d'Urgel.

Guerre de la succession de Pologne.
(1733-1735.)

La Couronne fait partie de l'armée du maréchal de Belle-Isle; nous le trouvons à la prise de Saarbruck, de Trèves et de Traërbach et au siège de Philippsbourg (1734). Le 20 octobre 1735, il prend part à l'affaire de Clausen, où le colonel marquis de Charost est mortellement atteint.

Guerre de la succession d'Autriche.
(1741-1748.)

Après une paix de six années, la guerre recommence contre l'Autriche. La Couronne prend part aux campagnes de 1742 et 1743 en Bohême et en Bavière, sous les ordres du général de Maillebois et de Maurice de Saxe. En 1744, il passe à l'armée de Flandre. Il sert aux sièges de Menin, d'Ypres et de Furnes. Il termine la campagne au camp de Courtrai.

En 1745, La Couronne est au siège de Tournai. Le 11 mai, il prend part à la victoire de Fontenoy. Nous avions devant nous, les Anglais, alliés des Autrichiens. Le combat débute, dès 6 heures du matin, par une violente canonnade. Profitant d'un épais brouillard, le duc de Cumberland essaye de percer nos lignes par une brusque attaque contre le centre : 15.000 Anglais apparaissent inopinément à peu de distance du front de la brigade des gardes-françaises. Nous sommes au temps de la guerre en dentelles; avant d'en venir aux mains, les officiers anglais et français tirent leurs chapeaux et saluent comme à la cour. Ensuite le major mylord Haye s'avance et nous apostrophe en ces termes : « *Messieurs les gardes françaises, tirez.* » Le comte d'Anteroche, colonel des gardes, se dresse alors sur ses étriers et, saluant de l'épée, répond d'une voix vibrante : « *Messieurs les Anglais, nous ne tirons jamais les premiers, tirez vous-mêmes.* » Les Anglais font alors une décharge de mousqueterie qui couche à terre 23 officiers et 380 soldats.

La Couronne, placé en première ligne, en avant et à gauche des gardes-françaises, se trouve exposé à un feu violent qui décime ses rangs. Il fait des prodiges de valeur pour arrêter cette impavide colonne anglaise qui, suivant un mémoire du temps, « était comme un rocher à miner ». Il contribua valeureusement à l'entamer; il « fut le seul qui se servît de la baïonnette et se fît jour avec cette arme parmi les ennemis ». Gloire, hélas! payée bien cher! Quand, après la victoire, on se compta, le régiment avait 49 de ses officiers et 400 de ses soldats tués ou blessés ; parmi ces derniers se trouvaient le colonel duc d'Havré, le lieutenant-colonel de Rigal et le major Calignon.

La Couronne contribua, cette même année, à la prise de Tournai, d'Oudenarde, de Dendermonde et d'Ath. L'année suivante, il assiste aux sièges de Bruxelles, d'Anvers et d'Huy. Il est ensuite employé contre les Anglais à la défense des côtes de Bretagne, d'Aunis et de Normandie (1747). En 1748, il revient en Flandre et prend part au siège de Maëstricht. Le traité d'Aix-la-Chapelle termine les opérations.

Guerre de Sept ans.
(1756-1763.)

Pendant la guerre de Sept ans, le régiment prend part à la bataille d'Hastembeck (26 juillet 1757), à l'affaire de Closterseven (1757) et à la bataille de Crefeld, où il se couvrit de gloire (1758). Les deux bataillons, exposés pendant deux heures à un feu terrible, ne se décidèrent à se replier que sur l'ordre du général commandant l'armée, après avoir perdu dix officiers et trois cents soldats. Le colonel comte de Montbarrey était gravement atteint.

A cette époque, chaque régiment d'infanterie possédait deux pièces légères d'artillerie; c'est pourquoi nous pouvons constater que, dans cette retraite, plusieurs canonniers et grenadiers se signalèrent en emportant l'un des canons du régiment dont l'affût était brisé ; une charge de cavalerie ne put leur faire abandonner leur pièce. Les deux sergents de canonniers, nommés Neuville et Félard, furent, en récompense, promus sous-lieutenants.

L'année suivante, l'armée française s'empare de Munster, grâce à l'énergie et à la vaillance d'un grenadier de La

Couronne; ce brave soldat n'hésita pas à franchir à la nage le fossé qui entourait les remparts et à abattre le pont-levis avec l'aide de quelques camarades.

Au printemps 1760, le régiment entre en campagne, se distingue à la bataille de Corbach (10 juillet), au combat de Warbourg (31 juillet) et à l'engagement de Clostercamps, à jamais mémorable par le dévouement du capitaine d'Assas et du sergent Dubois, du régiment d'Auvergne. Il assiste ensuite à la bataille de Willingshausen (15 juillet 1761) et au combat de Roxel (30 août).

Le traité de Paris, signé en 1763, terminait les hostilités.

Non content de prodiguer son sang, La Couronne ne négligeait aucune occasion de montrer l'ardeur de son patriotisme. Ce n'est pas seulement en Autriche, comme dit le refrain, que « le militaire n'est point riche »; cependant, en 1762, lorsqu'il s'agit de refaire notre marine, les officiers de La Couronne s'associèrent à l'élan national en offrant un mois de leurs appointements. Louis XV se montra reconnaissant, mais n'accepta pas ce sacrifice; il décida qu'un vaisseau de notre flotte s'appellerait « La Couronne ». Ce nom s'est perpétué dans notre marine où il est encore porté par un de nos cuirassés.

De 1762 à 1790, La Couronne tint garnison dans le nord de la France. Il se trouvait à Béthune lorsque le 1er janvier 1791, il prend, en exécution du règlement du même jour, le titre de 45e régiment d'infanterie.

CHAPITRE II

Le 45ᵉ régiment d'infanterie pendant la Révolution.
— Le 45ᵉ régiment d'infanterie (1791-1794). — La
45ᵉ demi-brigade de 1ʳᵉ formation (1794-1796). —
La 45ᵉ demi-brigade de 2ᵉ formation (1796). — La
45ᵉ demi-brigade de ligne (1796-1803).

45ᵉ régiment d'infanterie.

(1791-1794.)

En 1792, quand le duc de Brunswick
entra en Champagne à la tête de l'armée
prussienne, le 45ᵉ était à Béthune, fort
de 1.249 hommes divisés en deux bataillons.

Le 1ᵉʳ bataillon, désigné pour faire
partie de l'armée du Nord, arrive en septembre au camp de Grandpré; le 20, il
assiste en réserve à la bataille de Walmy;
il est ensuite rattaché à l'armée des Ar-
dennes et dirigé sur Namur, assiégé par
le général Valence. Dans la nuit du 1ᵉʳ
au 2 décembre, une colonne, dont faisait
partie notre bataillon sous les ordres du
commandant Goulus, marche sur le fort
Vilatte et réussit à l'enlever; ce coup de
main amenait la reddition de la ville.

Le 2ᵉ bataillon, laissé dans Lille, contribua à la glorieuse défense de cette place, en septembre et octobre 1792.

Dans le cours de l'année 1793, le 1er bataillon combat à Nerwinden (18 mars), à Kaismes et Vicougne (8 mai), se trouve à la bataille de Hondschoote (6 septembre) et de Wattignies (16 octobre).

En 1794, il fait partie de la division Moreau et sert sur la frontière du Rhin jusqu'à son incorporation dans la 89e demi-brigade de bataille, qui eut lieu le 3 décembre 1794.

Le 2e bataillon est chargé, en 1793, de la défense du Quesnoy. Le colonel Goulus, qui était entré au corps comme soldat en 1776, y fut grièvement blessé et fait prisonnier de guerre avec la garnison, qui dut se rendre le 10 septembre.

En 1794, il est dirigé sur la Vendée et fait la campagne de 1794 dans l'Ouest. Il était à Noirmoutiers lorsqu'il fut amalgamé dans la 90e demi-brigade de bataille, au commencement de 1795.

45e demi-brigade de 1re formation.

La 45e demi-brigade, constituée par le décret du 19 nivôse an II (8 janvier 1794), comprenait le 1er bataillon du

23e d'infanterie, ancien Royal, le 1er bataillon de volontaires des Basses-Alpes et le 1er de la Lozère.

Chargée de la protection de la frontière des Alpes, sous les ordres du général Alexandre Dumas, elle passe l'hiver de 1794 dans les postes de la Maurienne.

Le 5 avril, le 1er bataillon se distingue à l'attaque de la redoute du Belvédère, défendant le petit mont Cenis. Le capitaine Herbin, de la compagnie de grenadiers, fit preuve dans cette affaire d'une bravoure remarquable. « Le sergent-major des grenadiers et le tambour-major, dit le général Gouvion, méritent les plus grands éloges pour leur courage et les soins qu'ils ont donnés à l'intrépide général Sarret; ils l'ont enlevé au milieu d'une grêle de balles. »

Dans la nuit du 13 au 14 mai, le bataillon se distingue à l'attaque des Rivets et de la Ramasse. Nous faisions 500 prisonniers et de nombreux approvisionnements restaient entre nos mains.

La demi-brigade cantonne sur la frontière des Alpes, pendant toute l'année 1795, éprouvée par la maladie, les privations de toutes sortes et un hiver des plus rigoureux.

45ᵉ demi-brigade de 2ᵉ formation.

Au commencement de 1796, la Con
vention décrète un second remaniemer
de l'infanterie. La 45ᵉ est formée avec le
deux premiers bataillons de l'ancienn
45ᵉ, les deux premiers bataillons de l
180ᵉ, le 2ᵉ du 102ᵉ régiment et le 7ᵉ de l
Haute-Saône.

La nouvelle 45ᵉ, désignée pour entre
dans la composition de l'armée d'Itali
commandée par Bonaparte, arrive
Plaisance le 1ᵉʳ juin 1796. A la suite d
tirage au sort fait à Soncino, le 26 ma
la 45ᵉ de ligne devenait la 19ᵉ et so
3ᵉ bataillon était incorporé dans la 69

Après avoir pris part aux combats e
Cosseria et de Dego, la 69ᵉ se couvre e
gloire au passage du pont de Lodi, gloir
qui rejaillit sur la 45ᵉ, puisque son 3° b:
taillon et sa compagnie de grenadiers
prennent une part des plus brillantes.

Le 10 mai, le général Bonaparte, qi
venait de repousser l'arrière-garde e
l'armée autrichienne, décide de s'emp:
rer du pont de Lodi, jeté sur l'Adda.

Ce pont, devenu si célèbre, avait 1(
mètres de longueur et était défendu p:
10.000 hommes commandés par le g
néral Sebottendorf; une nombreuse arti

erie avait été préparée afin de balayer le
ont en cas d'attaque. Les Autrichiens
'imaginaient qu'aucune troupe ne se-
ait assez audacieuse pour tenter le pas-
age sous le feu formidable de leurs ca-
ons. L'expérience allait lui démontrer
u'aucun obstacle ne saurait arrêter des
français animés par l'honneur et l'a-
nour de la gloire.

Les divisions Augereau et Masséna,
ui s'étaient mises les premières en mou-
ement, arrivent sans obstacle auprès
le la ville de Lodi.

Le général de brigade Dallemagne,
ui commandait notre avant-garde, atta-
ue l'arrière-garde autrichienne, lui fait
epasser l'Adda et s'empare d'un de ses
anons. Les autres divisions de l'armée
enaient de rejoindre. Bonaparte se rend
ur-le-champ à l'entrée du pont; afin
l'empêcher l'ennemi de le rompre, il fait
lacer lui-même, au milieu d'une grêle
le mitraille, les deux pièces légères de
'avant-garde. Cependant, pour assurer
e succès de la journée, il n'y avait pas
ine minute à perdre. Bonaparte ordonne
u général Masséna de former tous les
ataillons de grenadiers en colonne ser-
ée, et de les faire suivre par sa division; celle du général Augereau reçoit
'ordre d'accélérer sa marche pour venir

prendre part au combat et soutenir les
efforts de la première.

Les tambours battent la charge et cette
redoutable masse de grenadiers, ayant le
2° bataillon de carabiniers en tête, s'élance au débouché du pont, aux cris accou-
tumés de : « Vive la République ! »

La mitraille, que trente pièces vomis-
saient dans les rangs des grenadiers, fait
un instant hésiter ces braves : ils s'arrêtent. Un moment d'incertitude de plus,
sur un pont extrêmement étroit, allait
tout perdre. Mais nos généraux ont re-
connu toute l'imminence du danger ;
Berthier, Masséna, Cervoni, le chef de
brigade Lannes et le chef de bataillon
Dupas courent se mettre à la tête de
leurs hommes et font appel à leur courage habituel. La voix de l'honneur est
entendue, les grenadiers s'élancent de
nouveau sur les traces de leurs généraux
et, dans un élan irrésistible, traversent
le front, culbutent la première ligne ennemie, enlèvent ses pièces et dispersent
ses bataillons.

Le général Augereau, qui avait suivi
la colonne à la tête de sa division, achève
de décider la victoire. Les Autrichiens
fuient de toutes parts, abandonnent
vingt pièces de canons, leurs caissons et
leurs bagages. Ils avaient environ 3.000

morts ; notre armée comptait à peine 1.000 hommes hors de combat.

Le nom de Lodi est inscrit sur le drapeau actuel du 45ᵉ ; il doit nous rappeler que rien n'est impossible à des Français qu'anime l'amour de la patrie et de l'honneur.

45ᵉ demi-brigade de ligne.

Le 21 mars 1796, une nouvelle 45ᵉ demi-brigade, dite de ligne, est formée avec les éléments des anciennes 100ᵉ et 165ᵉ et du bataillon de volontaires de Mont-ferme (Basses-Alpes).

La 45ᵉ demi-brigade, placée dans la division Sérurier, y cueillit sa part de lauriers. Pendant les mois d'avril et de mai, elle forme l'arrière-garde de l'armée de Bonaparte et est chargée d'occuper successivement les places de la Hau-e-Italie. Au commencement de juin, elle est employée au blocus de Mantoue.

Le 4, nous arrivons en vue de la place ; les troupes s'arrêtent à la Favorite pendant que les grenadiers enlèvent le faubourg de Saint-Georges et s'élancent sur la digue. La prise du Migliaretto (18 juillet), complétait l'investissement de la place lorsque Bonaparte, menacé par une nouvelle armée autrichienne, donne l'ordre de lever le siège. La 45e demi-brigade est désignée pour aller renforcer la division Augereau et, le 1er août, marche sur Brescia, d'où les Autrichiens se sauvent à la hâte. Le 2, elle revient vers Montechiaro après avoir fait une marche forcée de plus de 50 kilomètres; le soir, elle est passée en revue par Bonaparte, qui se montre très satisfait de sa tenue et de son endurance.

Le 3, au matin, la division Augereau marche à l'attaque de Castiglione; la 45e est chargée de s'avancer dans la plaine directement contre le village. Les Autrichiens retranchés dans des maisons et derrière les murs, font un feu meurtrier; un moment d'hésitation se produit parmi nos soldats lorsque le tambour-major Cajol fait battre la charge, s'élance en avant avec eux, ranime par cet héroïque élan le courage de tous, et la position est enlevée. En vain le général autrichien essaye de ramener ses troupes au combat : il est obligé de reculer en abandonnant Castiglione. Le brave Cajol reçut un sabre d'honneur.

Le 6 août, la 45e revient prendre son ancienne position devant Mantoue. Elle prend part à tous les combats qui se livrent dans les environs de la place. Son effectif se trouvait considérablement réduit par les maladies et les souffrances qui rendaient le « blocus plus dur que deux camapgnes », comme l'écrivait Bonaparte.

Le 3 décembre, quelques compagnies de la 45e demi-brigade s'avancent trop audacieusement contre les murs de Mantoue; elles sont bientôt obligées de se replier. Dans ce mouvement, le caporal fourrier Puech, à peine âgé de 18 ans, donne un grand exemple de courage et de dévouement.

Pendant que ses camarades battaient en retraite, ce brave revint sur ses pas pour sauver son capitaine prêt de se noyer dans un fossé plein d'eau. Attaqué au même moment par deux uhlans, il en tua un et mit l'autre en fuite, se précipita dans le fossé et en retira son capitaine sous le feu de deux pelotons ennemis; puis en rejoignant sa compagnie, il attaqua trois Autrichiens retranchés dans une maison, en blessa un et les emmena tous trois prisonniers.

Le caporal fourrier Puech reçût, à titre de récompense nationale, un fusil d'honneur. Il eut une carrière des plus brillantes et parvint au grade de lieutenant-colonel dans la garde impériale. Il fut tué à la bataille de Dresde, en 1813.

Les 15 et 16 janvier 1797, la 45ᵉ se couvre de gloire; elle défend le faubourg Saint-Georges avec une vaillance extra-ordinaire; un moment, les cartouches viennent à manquer; nos braves soldats crient alors à leurs officiers : « Avec les Autrichiens, nous n'avons pas besoin de cartouches; nous n'avons qu'à marcher à la baïonnette. »

Le 2 février, Mantoue capitulait et la 45ᵉ prenait la route de France, après avoir tenu garnison dans quelques pla-ces du Piémont.

À la réouverture des hostilités, en 1798, la 45ᵉ demi-brigade est rappelée en Italie. Le 5 avril 1799, à la bataille de Magnano, elle est chargée de protéger la retraite de notre armée; au moment où la division commençait à se replier, le capitaine Berthier, à la tête de quatre compagnies, soutint avec la plus grande intrépidité le choc de toute l'avant-garde ennemie; puis il rompit le combat dans un ordre si remarquable qu'il donna à quelques renforts le temps de se porter à son secours et de garantir le quartier général qui allait être cerné.

Dans cette mémorable affaire, le four-rier Claude Giraud s'élance avec quel-ques soldats seulement sur une pièce au-trichienne, tue le canonnier qui allait y mettre le feu et fait prisonnier les douze servants; enfin, le grenadier Marin, qui se trouvait à notre aile gauche, marche avec quelques camarades sur une pièce, dont il reste maître après avoir tué deux canonniers; le fusilier Roy reçoit un fusil d'honneur pour avoir sauvé le drapeau de son bataillon enlevé par un hussard.

Pendant que le 3ᵉ bataillon était détaché dans Mantoue et soutenait une défense énergique, le 2ᵉ bataillon combattait à Novi sous les ordres du chef de brigade Philippe, qui fut mortellement blessé. De son côté, le 1ᵉʳ bataillon était chargé de la défense de Tortone, la plus forte place du Piémont. Au milieu des souffrances et des dangers multiples, nos soldats se distinguent par leur bon esprit et leur endurance; le commandant Barrié, donnant à tous l'exemple, contribua puissamment par son activité et la confiance qu'il sut inspirer à ses hommes, à leur belle résistance.

Après Novi, le capitaine Marin s'était enfermé dans Gavi avec le 2ᵉ bataillon; ce brave sut constamment ranimer le courage de ses hommes au milieu des épreuves qu'ils eurent à supporter et parvint, grâce à leur énergie, à faire échouer plusieurs attaques de nuit que les Autrichiens tentèrent contre la place; il déjoua même une conspiration des habitants de Gavi, décidés à égorger la garnison et à ouvrir les portes à l'ennemi. Au mois de juin 1800, le capitaine Marin réussit encore, en traversant les lignes autrichiennes, à porter des dépêches au Premier Consul; celui-ci lui accorda, en récompense de sa belle conduite, un sabre d'honneur.

Au commencement de l'année 1800, la 45° demi-brigade, qui était rentrée en France pour se réorganiser, fut désignée pour servir à l'armée des Grisons. Elle se signala au passage du Splugen et à la traversée du col de la Bernina (12 décembre). Dans cette affaire, le 2° bataillon, surpris par une tourmente, laissa beaucoup d'hommes ensevelis sous la neige et gagna à grand'peine de pauvres cabanes, où l'on trouva asile pour la nuit. Avec l'aide de quelques montagnards munis de traîneaux et de quelques soldats, le sergent Yver se mit, malgré l'obscurité, à la recherche des disparus; le lendemain matin, il était assez heureux pour ramener tous ceux que le froid avait épargnés.

Malgré les rigueurs de la saison, la brave 45° demi-brigade se bat tous les jours; le 27 décembre, elle arrive devant

les retranchements de Casanova, dans
l'Engadine; une première colonne d'attaque est repoussée. Se mettant alors à
la tête de la 45ᵉ et de deux bataillons de
la 3ᵉ d'Orient, le chef de brigade Barrié
se glisse, par d'étroits sentiers, à travers
la montagne et apparaît tout à coup sur
le derrière des Autrichiens; quelques
coups de feu suffisent à les déloger. On
se lance derrière eux et on arrive bientôt
devant la redoute d'Ardetz. A la tête de
ses grenadiers, le tambour Rimbault bat
la charge jusque dans les retranchements et, dans le choc vigoureux qui
nous laisse maître de la redoute, il se
loge sur le parapet; malgré le double feu
qu'il avait à craindre, il ne cesse de battre. En même temps, le sergent-major
Mazel s'élance un des premiers dans
l'ouvrage de l'ennemi; il était sur le
point d'arracher un cheval de frise lorsqu'il eut l'épaule droite fracassée par un
coup de feu. Un sabre d'honneur lui fut
décerné pour ce fait d'armes.

Le sergent Chaix avait aussi mérité,
peu de temps auparavant, un fusil
d'honneur. Commandant un poste de
douze hommes, attaqué la nuit par un
corps de chasseurs tyroliens, il fit prendre les armes à sa troupe, la rangea en
bataille et lui fit exécuter un feu nourri.

L'ennemi, trompé par cette démonstration, crut avoir affaire à une grand'garde et rebroussa chemin, en laissant sur le terrain dix-sept hommes tués ou blessés.

La paix de Lunéville (9 février 1801) termina les hostilités. La 45ᵉ rentra en France. En 1802, elle était désignée pour faire partie de l'armée du Hanovre. Au cours de la campagne de 1803, le tambour André se signala dans un engagement où il battit la charge au milieu d'un feu meurtrier de l'ennemi, et ranima par son sang-froid l'ardeur de ses camarades. Il reçut en récompense des baguettes d'honneur.

CHAPITRE III

Le 45e régiment de ligne sous le Premier Empire.

(1805-1815.)

Un arrêté des Consuls du 22 septembre 1803 supprime la dénomination de demi-brigades pour les troupes d'infanterie et rétablit l'ancien nom de régiments. De ce jour, la *45e* devint le *45e régiment de ligne.*

Austerlitz.

La descente en Angleterre projetée par Napoléon étant devenue impossible, par suite des échecs successifs éprouvés par notre flotte, et la coalition austro-russe s'étant fortifiée de l'alliance tacite de la Prusse, l'Empereur abandonna ses projets sur les Iles Britanniques et, de l'imposante armée qu'il avait réunie dans les camps autour de Boulogne, il fit la Grande Armée, destinée à porter la guerre au sein de l'Allemagne, au cœur même de l'Autriche.

Le 45e, rappelé du Hanovre, entra dans la composition du 1er corps (maréchal

Bernadotte), et fit partie de la 1re division (général Rivaud), 1re brigade (général Pacthod). Le colonel Barrié était à sa tête.

Le 1er corps quitte Boulogne le 30 août et se porte sur l'Allemagne; le 10 septembre, il est sur le Rhin.

Alors commence cette marche gigantesque qui, en moins de deux mois, nous rend maître du bassin du Danube. La prise de Wurtzbourg, d'Anspach, d'Ingolstadt; la capitulation d'Ulm, l'entrée triomphale dans Munich, capitale de la Bavière, jalonnent la voie triomphale du 1er corps, qui, le 28 novembre, s'établit en face de Brunn.

Le 1er décembre au soir, tous les corps sont concentrés dans les environs d'Austerlitz et les soldats, assurés d'avance du succès préparé par leur Empereur, l'acclamaient avec enthousiasme, à son passage au milieu des bivouacs.

Le 2, au point du jour, la fusillade commence; la division Rivaud, en colonnes par régiment, s'ébranle et vient se placer en première ligne, à la gauche du IVe corps. Vers 9 heures du matin, l'Empereur ordonne à Bernadotte de soutenir énergiquement le corps de Soult, chargé de l'attaque des hauteurs de Pratzen. En un clin d'œil, la division Rivaud gravit

les pentes et se trouve en face de la garde
russe. A ce moment, les uhlans se lancent au galop sur la division; le colonel
Barrié fait former les bataillons en carré
et le 45ᵉ reçoit cette avalanche de cavalerie par des feux nourris. Les escadrons
succèdent aux escadrons; un instant, les
ennemis réussissent à pénétrer dans un
carré. La mêlée devient générale, nos soldats se défendent à la baïonnette avec
un courage au-dessus de tout éloge. Au
milieu d'une de ces charges, dit M. de
Saint-Hilaire, un caporal de voltigeurs
du 45ᵉ se trouve aux prises avec un officier de la cavalerie russe qui, d'un coup
de sabre, l'oblige à lâcher son fusil; mais,
prompt comme l'éclair, le brave caporal
s'élance sur la croupe du cheval et étran-
gle l'officier.

La garde russe, presque anéantie, se
décide à battre en retraite, et la division
Rivaud se porte à l'attaque de Blazio-
witz. L'infanterie de la garde russe, se-
condée par une nombreuse artillerie, reçoit nos bataillons par une décharge
générale: mais rien ne saurait arrêter
les soldats du 45ᵉ. Après un combat
acharné, ils prennent pied dans le village. En vain, pour le reprendre, le grand
duc Constantin ramène plusieurs fois ses
troupes à la charge. La cavalerie vient

soutenir l'infanterie et, au prix d'admirables sacrifices, entre dans nos carrés et sabre nos soldats. Mais alors interviennent les escadrons de la garde impériale, à la tête de laquelle s'élance le général Rapp. On se bat constamment corps à corps. Le drapeau du 45ᵉ, déchiqueté par la mitraille, tombe en lambeaux. Le capitaine Bertrand les ramasse précieusement et, grâce à lui, nous pouvons aujourd'hui, dans la salle d'honneur du régiment, admirer ces précieuses reliques, témoins de tant de bravoure et de tant d'héroïsme.

La cavalerie russe continue à se battre avec une valeur digne d'admiration, mais elle ne peut résister au sang-froid et à l'intrépidité de nos soldats. Tout à coup, elle plie et va chercher un refuge dans son infanterie, qui avait déposé ses havresacs, pour mieux se battre. Nous enfonçons tout; le carnage devient terrible, mais le champ de bataille est à nous. L'armée austro-russe, forte de 90.000 hommes, avait 15.000 morts ou blessés et laissait entre nos mains 15.000 prisonniers, 45 drapeaux et tous ses canons, qui furent employés à fondre la colonne Vendôme. Le glorieux nom d'Austerlitz est inscrit sur le drapeau du 45ᵉ.

Campagne de 1806.

La victoire d'Austerlitz avait seule empêché la Prusse de réunir ses troupes à celles des coalisés. L'empereur Napoléon jugea nécessaire de donner une bonne leçon à cette orgueilleuse nation.

Le 29 septembre, le 45ᵉ quitta ses cantonnements et vint rejoindre la 1ʳᵉ division du 1ᵉʳ corps, à laquelle se trouvait encore le général Rivaud; il y forma avec le 8ᵉ de ligne la 1ʳᵉ brigade, sous les ordres du général Pacthod. Quinze jours après, avaient lieu simultanément les deux célèbres batailles d'Iéna et d'Auerstaedt, si glorieuses pour notre armée.

Le 17 octobre, la division Rivaud atteignait les Prussiens près de Halle. Nos bataillons débouchent de la ville sous un feu très nourri de l'artillerie et de la mousqueterie ennemies; après une résistance des plus opiniâtres, la position est enlevée; la division s'acharne sur l'ennemi, elle le chasse de Dietnitz, de Peissen et de Rabatz, où il avait pris successivement position; enfin, les Prussiens étaient menés jusqu'à quatre lieues de Halle, où nous étions surpris par la nuit. Le 45ᵉ et le 8ᵉ de ligne avaient fait 2.000

prisonniers. Cette défaite fit perdre au roi de Prusse l'espoir de rallier les débris de son armée, il demanda donc un armistice; mais l'Empereur, qui savait que les Russes marchaient à son secours, refusa et le 1er corps se mit alors à la poursuite de Blücher et du reste de l'armée battue à Iéna.

Le 6 novembre, le maréchal Bernadotte s'avance sur Lübeck avec tout le 1er corps et chasse devant lui environ 5.000 Prussiens, qui s'étaient portés en avant.

Décidé à attaquer la place, il fait avancer la division Rivaud et lui ordonne de balayer Lübeck et d'aller déboucher par la porte de Ratzburg. L'ennemi, retranché dans les rues et dans les maisons, avait fait des efforts inouïs pour nous repousser ; chaque place, chaque rue était un champ de bataille.

Le général Blücher fit lui-même plusieurs charges avec de la cavalerie dans les rues. En peu de temps, nous restons maîtres de la ville. Tous les défenseurs étaient pris ou tués et nous nous trouvions en position de déboucher sur l'ennemi, qui cherchait à se reformer sur la route de Schwartau.

Le général Pacthod, à la tête de sa brigade, est chargé de s'emparer de la

Muhl-Thor. Cette porte donnait dans une espèce d'île, ne communiquant avec la ville que par une route sur laquelle il fallait défiler pour tourner la position de la porte. L'ennemi, posté sur les toits des maisons et sur les remparts, dominait le débouché. Il fallut toute la bravoure et l'intrépidité de nos hommes et du général Pacthod pour s'emparer de cette porte; l'on y fit 2.000 prisonniers. Dans le combat, un sergent du 45ᵉ enlevait un drapeau.

Cette journée était une des plus brillantes que l'on puisse citer. « Le colonel du 45ᵉ, dit le rapport du maréchal Bernadotte, a entraîné son régiment par l'exemple de la plus brillante bravoure. »

Le lendemain, le général Rivaud obligeait Blücher à signer une capitulation qui nous livrait le général et ses 12.000 hommes.

Les forces militaires prussiennes étaient anéanties. Le 45ᵉ faisait une entrée triomphale dans Berlin, où, le 24 novembre, l'Empereur le passait en revue et le félicitait pour sa bravoure et son endurance.

Campagne de 1807.

Dans cette glorieuse campagne, le 45ᵉ

prend une part active aux combats de Mohrungen (25 janvier), où le lieutenant Yver est blessé. Il concourt au blocus de Dantzig du 18 mars au 24 mai. Le 14 juin, il combat avec la plus grande vaillance à Friedland. La division Lapisse, dont il faisait partie, resta dans ses positions, en avant de Posthenen, exposée, pendant toute la durée de l'attaque, au feu des batteries ennemies.

Quelques hommes avaient été atteints dans les rangs de nos compagnies et, en même temps, à la division Oudinot, trois officiers et plusieurs grenadiers et voltigeurs du 45ᵉ étaient frappés, le capitaine Marchal tué, les lieutenant Condamine et Blain blessés. Ce dernier, qui avait mérité un brevet d'honneur pour sa belle conduite à Marengo, avait été blessé déjà deux fois avant de venir au 45ᵉ; il reçut encore une blessure comme capitaine en Saxe en 1813.

Le nom de Friedland est inscrit sur le drapeau du 45ᵉ.

Vers la fin d'octobre, le régiment prit ses cantonnements dans les environs de Berlin.

Guerre d'Espagne.
(1808-1814.)

En 1808, le 1ᵉʳ corps passe en Espagne. Pendant cinq ans, le 45ᵉ manœuvre et combat dans la péninsule, donnant les preuves de la plus grande abnégation et du plus grand courage. Nous le trouvons à la bataille d'Espinosa (11 novembre), au combat de Somo-Sierra (28 novembre); le 4 décembre, il faisait une entrée triomphale dans Madrid. Détaché en colonne mobile, dans la province de Léon, il combat, le 12 avril 1809, à Alcantara et, le 28 juillet, à Talaveyra-de-la-Reyna. Dans cette bataille, qui dura deux jours, le 45ᵉ se couvrit de gloire; chargé avec le 16ᵉ léger de l'attaque du centre de la ligne anglaise, il se déploie promptement, en colonnes serrées, marche sous un feu violent et arrive à tirailler avec l'ennemi presque à bout portant. Le général Lapisse est mortellement atteint, le colonel Barrié, grièvement blessé avec un grand nombre d'officiers et de soldats. L'ardeur des survivants est encore excitée par la perte de leurs chefs, mais leurs assauts répétés ne parviennent pas à faire reculer l'ennemi, que soutient une forte batterie et qui reçoit sans cesse de nouveaux renforts. Dans cette lutte héroïque, les capitaines Michel et Servet, les lieutenants Blain, Leduc, Baillyat, trouvent une mort glorieuse; le chef de bataillon Langlade, les capitaines Devaud et Herbert, les lieutenants Vaillet, Raymond, Chambray, Senlis, Venard, Buron, Métais et Ducasse, arrosent de leur sang le terrain si bravement disputé. Le nombre des hommes tués et blessés est considérable, mais l'ardeur de la troupe est si grande que l'on demande à tenter un dernier assaut. L'intervention du roi Joseph arrête la lutte.

En 1810, le 45e assiste au blocus de Cadix, au combat de Chiclana (5 mars), à la bataille d'Albuhera (16 mai), où les sous-lieutenants Guillebaux et Châtillon sont tués, les capitaines Jean et Regnault-Brincourt blessés.

L'année suivante, il prend part aux opérations contre Balleysteros et passe au Ve corps (général Drouet d'Erlon). La campagne de 1812 est signalée par le combat sanglant d'Alba-de-Tormès (12 novembre), qui coûte au 45e les lieutenants Dalimagne et Merveilleux tués, et les capitaines Regnault-Brincourt, Devaud, le sous-lieutenant Yunck, blessés.

En 1813, les 2e et 3e bataillons sont dirigés sur l'Allemagne. Le 1er bataillon reste en Espagne et prend part à la bataille de Vittoria, où il fait de grandes pertes; le capitaine Dupont et les lieutenants Stouppe et Durcos sont tués; le sous-lieutenant Guillin, blessé, est cité à l'ordre du corps d'armée. L'année suivante, le 1ᵉʳ bataillon, sous les ordres du commandant Guerrier, se couvre de gloire à la bataille de Toulouse en défendant les redoutes du Calvinet; il n'avait que cent hommes en état de combattre lorsqu'il se retira. Les pertes de cette journée en officiers étaient les lieutenants Viatte, Brodart, Gabory et Macron, tués; les capitaines Mouteau, Guillin et le lieutenant Imbert, blessés.

Campagne de 1809.

Pendant que le 45ᵉ combattait en Espagne, son 4ᵉ bataillon soutenait sa belle réputation en Allemagne. Le 22 mai, il faisait des pertes énormes à la bataille d'Essling. La moitié des officiers étaient blessés : le commandant Grégoire, les capitaines Rousset, Petit, les lieutenants Ferrari, Giraud et Vallat, les sous-lieutenants Blanc et Wurnier. Cinquante hommes tués et cent vingt blessés prouvaient que ces braves n'avaient pas épargné leur sang pour soutenir la bonne réputation de leur drapeau.

A Wagram (5 et 6 juillet), nous trouvons le même dévouement. Ces deux journées nous coûtent, outre un grand nombre d'hommes tués et blessés, le lieutenant Georges, tué. Le commandant Grégoire, le capitaine Jamonet, le lieutenant Vallat, le sous-lieutenant Blanc étaient atteints grièvement.

Campagne de 1813.

Pendant la malheureuse campagne de Russie, le 45ᵉ fut chargé d'assurer les communications en Allemagne, d'occuper les places fortes et de surveiller les côtes. Il faisait partie de la division Heudelet, répartie entre Osnabrück, Rostock, Hambourg et Lubeck.

Le 13 janvier 1813, un ordre du roi Murat envoie la division occuper Dantzig, défendu par le général Rapp. Le 45ᵉ prend part à toutes les opérations de cette défense mémorable et, lorsque, après onze mois d'héroïques efforts, la garnison fut obligée de se rendre, le général rendait justice à la division Heudelet, qui s'était distinguée entre toutes : « La 30ᵉ division, écrivait-il à l'Empereur, s'est constamment conduite avec une bravoure et un dévouement dignes des plus grands éloges. Vers la fin du siège surtout, cette brave division a été le principal pivot sur lequel s'appuyaient nos opérations et nos espérances. Elle a soutenu, pendant deux mois, presque à elle seule, les premiers efforts de l'ennemi. »

Campagne de 1815.

Le 1ᵉʳ mars 1815, Napoléon débarquait de l'île d'Elbe, et, traversant la France en triomphateur, arrivait à Paris le 20. Par décret du 28, il procéda à la réorganisation de l'armée, transformée de fond en comble par le roi Louis XVIII. Le 45ᵉ vint se former à Lille, dans le courant du mois d'avril. Il fit partie de la 2ᵉ brigade de la 3ᵉ division du 1ᵉʳ corps l'armée (général Drouet d'Erlon).

Le 10 juin, la 2ᵉ brigade, sous les ordres du général Grenier, vint s'établir autour de Saint-Sauve, le 45ᵉ occupant Fresnes et Echaulepont. Les 16 et 17 se passent en marches pénibles; à la fin de l'après-midi, après un violent orage qui a entravé la marche, la brigade atteint la ferme de Belle-Alliance et aperçoit l'armée anglaise établie sur le plateau du mont Saint-Jean.

BATAILLE DE WATERLOO

Le 18, au matin, vers 9 heures, le 1ᵉʳ corps s'établit en avant de Planchenois, appuyant sa gauche à la route de

Bruxelles à Charleroi, près de Belle-Alliance, et prolongeant sa droite vis-à-vis
des fermes de Papelottes et de la Haye;
de ce côté se range la division Marcognet; les deux bataillons du 45e sont éta-
blis en première ligne.

A midi, Napoléon donne le signal de
l'attaque. Le mouvement est aussitôt en-
tamé par la division Marcognet. Les huit
bataillons marchent déployés sur deux
lignes à quelques pas de distance. Sous
un feu terrible d'artillerie, ils traversent
le pli de terrain qui les sépare des Anglais, puis se lancent sur les pentes du
plateau et ne s'arrêtent qu'à une faible
distance de l'infanterie ennemie.

Pour soutenir son infanterie sur ce
point, le général anglais envoie aux dragons écossais l'ordre de charger. Ils fon-
dent au galop dans les intervalles étroits
qui séparent les divisions du 1er corps
celles-ci, trop resserrées, ne peuvent se
former en carré et commencent à re-
descendre vers le bas du plateau. Au milieu de la mêlée, un dragon arrive sur
le porte-aigle du 45e, le renverse et s'empare de son drapeau. Napoléon, qui a vu
de loin cet engagement furieux, ordonne
au général Milhaud d'envoyer de ce
côté une brigade de cuirassiers. Ceux-ci
s'élancent sur les escadrons écossais, qui

sont pris de flanc par les lanciers du
1ᵉʳ corps et bientôt complètement déban-
dés. Dans la charge, le maréchal des lo-
gis Orban, du 4ᵉ lanciers, aperçoit le ca-
valier qui tient le drapeau du 45ᵉ; il fond
sur lui et parvient à ressaisir l'aigle qu'il
rapporte à son colonel. Les prodiges de
valeur du 1ᵉʳ corps et du corps du maréchal Ney auraient fini par triompher de
l'opiniâtre résistance des Anglais, quand,
vers 7 heures, une forte colonne prussienne arrive sur le champ de bataille.
L'infanterie du 1ᵉʳ corps, prise à revers
et séparée des bataillons de la garde,
abandonne précipitamment le plateau ;
elle est sabrée par les cavaliers prussiens
et bientôt complètement désunie. Le
mouvement s'étend à toute la ligne, qui
se replie en désordre.

Cette défaite coûtait cher au régiment,
qui avait fait bravement son devoir. Les
officiers atteints furent les capitaines
Guibert, Vallat et Regnault-Brincourt,
tués; et parmi les blessés, le chef de bataillon Gruard, les capitaines Porée,
Drollet, Verdelet, les lieutenants Farrat,
Lebon, Varnier, Yunck et les sous-lieutenants Augereau, Lapierre et Angette.

La chute de Napoléon entraîne le li-
cenciement d'une partie de l'armée; les
régiments furent supprimés et remplacés

par des légions. Le dépôt du 45e forma la légion de l'Oise. Le nᵒ 45 échut à la légion d'Eure-et-Loir. Cette nouvelle organisation dura à peine cinq ans.

CHAPITRE IV

La Restauration. — Campagne d'Afrique. — Guerre d'Italie.

(1820-1869.)

I. — Intérieur.
(1820-1826.)

Le 6 décembre 1820, en conformité l'une ordonnance royale en date du 23 octobre précédent, qui supprime les légions départementales pour les remplacer par les régiments de l'ancienne organisation, le 45e régiment de ligne est organisé au Havre, à deux bataillons de huit compagnies chacun (deux compagnies d'élite, grenadiers et voltigeurs et six compagnies du centre, dites de fusiliers).

Au mois d'octobre 1821, le 45e est envoyé à Paris; il y séjourne jusqu'au mois de janvier 1822, époque où il est envoyé à La Rochelle. Son départ de la capitale eut une cause politique, car c'est dans le sein de ce régiment que s'était organisée la fameuse conspiration contre le roi Louis XVIII, dite des « Quatre sergents de la Rochelle », à la tête desquels se trouvaient les sous-officiers du 45° Bories, Goubin, Pommier et Raoul. Décrétés d'accusation pour crime de haute trahison envers l'ordre de choses établi, ces quatre sous-officiers furent condamnés à mort et exécutés à Paris, place de Grève, le 21 septembre 1822.

Le 45° reste à La Rochelle de 1822 à 1823; il ne prend pas part à la campagne d'Espagne de 1823, mais est placé, durant cette expédition, en surveillance sur la frontière des Pyrénées, de mars 1823 à janvier 1824.

II. — Séjour à la Martinique.

Au mois d'octobre 1826, le 45° de ligne, en garnison à Cherbourg, reçoit l'ordre de constituer deux de ses bataillons sur pied de guerre pour aller tenir garnison à la Martinique. Le 18 du même mois, l'état-major, les 1er et 3e bataillons, sous le commandement du colonel de la Contamine, comprenant un effectif de 56 officiers et 1.580 hommes de troupe, s'embarquent à destination de notre possession des Antilles.

Le régiment devait faire un long séjour à la Martinique, car, arrivé en novembre 1826, il ne devait en revenir qu'en avril 1832. Durant cette période de six années, le 45e eut à réprimer, en 1828 et en 1830, les tentatives d'insurrection des noirs, et souffrit surtout beaucoup de l'insalubrité du climat, qui lui enleva dans ces quelques années 29 de ses officiers et 1.200 de ses soldats. En 1829, le 49e de ligne, qui tenait garnison dans l'île avec lui, fut rappelé en France et remplacé par le 2e bataillon du 45e resté avec le dépôt à Saint-Brieuc. En décembre de cette même année 1829, le colonel Hache de la Contamine rentre malade en France et est mis, sur demande, en disponibilité. Il est remplacé, le 27 décembre, par le colonel Foucher.

Par suite de l'ordonnance royale du 14 mai 1831, qui crée deux régiments l'infanterie de marine, exclusivement consacrés au service des colonies, les 45e, 51e de ligne, ainsi que le 16e léger, dont l'entretien était à la charge du ministère de la marine, sont rendus au ministère de la guerre et rentrent dans la métropole après avoir versé une partie de leurs sous-officiers et de leurs soldats aux nouveaux régiments de marine. Le 45e, pour sa part, passe 425 hommes au 1er de ces corps. Le restant du régiment quitte les Antilles au mois d'avril 1832 et dé-

barque au Havre, où il tient garnison
et se reconstitue entièrement.

III. — Intérieur.
(1832-1854.)

Pendant les vingt-deux années qu
vont suivre, le 45ᵉ va subir une longu
accalmie, qui ne sera troublée que pa
les sanglantes journées de juin 1848. I
donnera, dans cette période de paix
l'exemple d'une ferme discipline, d'un
tenue irréprochable et les preuves d'un
solide et remarquable instruction, grâce
à la direction et à l'impulsion des colo
nels qui successivement se trouvent à s
tête.

En avril 1834, le 45ᵉ de ligne quitt
le Havre pour aller tenir garnison
Lille, où il séjourne juste une année. L
6 juillet, un incendie s'étant déclaré
l'hôpital de Lille, les soldats du régi
ment se signalèrent par leur activité
combattre le sinistre et refusèrent en
suite la gratification qu'on voulait leu
accorder en récompense de leur conduite

En avril 1835, il quitte Lille pou
Versailles et Paris. Le 31 décembre d
cette même année, le colonel Foucher es
promu maréchal de camp; il est rem
placé par le colonel Rimoz de la Ro

chette. En novembre 1836, le 45e quitte Paris et va tenir garnison à Parthenay. En octobre 1838, il est dirigé sur Nantes, où, après un an de séjour, il est envoyé à La Rochelle (novembre 1839). Deux ans après, il occupe les villes de Saintes, Blaye et Rochefort. Le 18 avril 1840, le colonel de la Rochette, admis à la retraite, était remplacé par le colonel Lebas Sainte-Croix.

En avril 1843, le 45e quitte ses emplacements de la Charente-Inférieure et va tenir garnison à Bordeaux, où il séjourne jusqu'en septembre 1845, époque où il est envoyé à Paris et Courbevoie. D'août à septembre 1847, le régiment va au camp de Compiègne accomplir une période de manœuvres. Il revient ensuite à Paris et envoie son 3e bataillon rejoindre son dépôt, qui est à Soissons.

La révolution de 1848 amène la déchéance de la branche cadette des Bourbons. Le roi Louis-Philippe reprend le chemin de l'exil et la République est proclamée. Le 45e assiste, sans combattre, aux journées de février et de juin 1848 et retourne à Bordeaux en avril 1849. Le 18 mai 1848, le colonel Sainte-Croix est admis à la retraite et remplacé par le colonel Westée le 18 juin suivant. Au mois de mai 1852, une députation du régiment reçoit dans une grande cérémonie militaire, qui a lieu le 10 mai au champ de Mars, des mains du Président de la République Louis-Napoléon, le nouveau drapeau surmonté de l'aigle impériale et portant dans ses plis, inscrits en lettres d'or, les glorieux noms de *Valmy* 1792, *Lodi* 1796, *Austerlitz* 1805, *Friedland* 1807, *Fleurus* 1815, qui rappellent au régiment les plus brillants souvenirs du passé.

En même temps qu'avait lieu à tous les régiments de l'armée, cette solennelle remise des drapeaux, paraissait un décret qui instituait une nouvelle décoration, exclusivement militaire et réservée aux seuls sous-officiers et soldats; cette décoration, c'était la populaire médaille militaire, si justement appréciée dans notre armée.

Les premiers médaillés du 45e de ligne furent les sieurs Defaye, tambour major; Vaucoy, sergent garde magasin; Louis Bouchaud, Hilbe, Rolland, Lateulade, sergents; Bouveret, caporal de musique; Bacoy, caporal, et Leverdier, soldat musicien.

A la fin d'octobre 1852, le régiment est envoyé à Marseille; c'est dans cette ville qu'au mois de mars 1854 il reçoit l'ordre de constituer ses trois bataillons sur pied de guerre pour aller remplacer en Algérie les régiments de ligne qui viennent de s'embarquer pour l'armée d'Orient.

Le 7 février précédent, le colonel Bataille, jeune et brillant officier supérieur, parvenu depuis aux sommets les plus élevés de la hiérarchie, avait pris le commandement du régiment en remplacement du colonel Westée, admis à la retraite. Sous la conduite de ce chef vaillant et énergique, le 45ᵉ allait illustrer son jeune drapeau dans les montagnes africaines et y inscrire, à la suite des noms glorieux de l'épopée impériale, celui non moins glorieux de Grande-Kabylie 1856-1857.

IV. — Campagne d'Afrique.
(Avril 1854-Avril 1859.)

Le 45ᵉ débarque à Alger le 13 avril 1854; il occupe successivement différents postes de la province d'Alger, tels que Blida, Médéa, Boghar, La Chiffa, les Issers et le Sebaou, et est employé à la construction des routes de Tenès à Orléansville, de Tenès à Cherchell, d'Aïn-Beïda et des gorges de la Chiffa.

Au mois d'août 1856, les tribus kabyles s'étant soulevées, le général Yusuf est chargé de réprimer l'insurrection, à la tête du 45ᵉ, d'un bataillon du 65ᵉ et du 2ᵉ bataillon du 1ᵉʳ zouaves.

Le 7 septembre, la colonne était entièrement réunie à Dra-el-Mizan. Après quelques jours de marche, le 14 septembre, la 2ᵉ brigade enlève et incendie deux villages kabyles et détruits les figuiers des environs. Dans cette chaude affaire, le 45ᵉ se distingua par son entrain et sa bravoure.

Le 24 septembre, les divisions Yusuf et Renault opèrent de concert, contre les Beni-Kouffi. Les trois villages d'Aït-Ali, Tinez et Igzer, situés au fond d'un immense entonnoir dont les pentes abruptes étaient couvertes de rochers et de bois impénétrables, formaient un véritable repaire qui, jusqu'alors, avait paru inabordable. Les Kabyles y avaient réuni leurs troupeaux et leurs familles, croyant les mettre ainsi à l'abri de nos coups. En dépit des obstacles du terrain et de l'opiniâtreté de la défense, les deux villages d'Ait-Ali et de Tinez sont enlevés et, dans cette attaque, le 45ᵉ, conduit par le colonel Bataille, se conduisit à l'égal de son vigoureux émule, le 1ᵉʳ zouaves.

Le 4 octobre suivant, la colonne expéditionnaire opéra contre les Beni-Bou-

Addou, non encore soumise; le 5 octobre, cette tribu demanda l'aman et, le 11, le 45e rentrait à Alger, après s'être fait remarquer dans cette courte campagne par son élan, sa bravoure dans les combats et les escarmouches de tous les jours qu'il eut à subir contre les tribus dissidentes, en même temps que par sa solidité et sa discipline dans les marches pénibles qu'il eut à effectuer.

La fin de 1856 et le commencement de 1857 furent employés par le régiment en travaux de route et de colonisation.

V. — Conquête de la Grande Kabylie.

(Mai à juillet 1857.)

Cependant, malgré l'heureuse et dernière expédition, malgré le châtiment infligé aux tribus insoumises, la Grande Kabylie, travaillée par la puissante tribu des Beni-Raten, offrait une sourde mais latente agitation qui tenait sans cesse en éveil le gouverneur général. Il fallait en arriver à des mesures décisives.

Sur un rapport adressé à l'Empereur par le maréchal Randon, il fut décidé qu'une grande expédition, embrassant tout le réseau montagneux de la Grande Kabylie, aurait lieu en mai 1857. La tribu des Beni-Raten fut celle qui devait être attaquée et réduite la première, car sa défaite devait produire, parmi les populations environnantes, un découragement certain, et entraîner à la soumission bon nombre de tribus hésitantes.

En mai 1857, la campagne entra donc dans la période d'exécution, et, le 19 du même mois, le corps expéditionnaire, sous les ordres du maréchal Randon, formant trois superbes divisions commandées par les généraux Renault, Mac-Mahon et Yusuf, se trouvait réuni au bas des montagnes occupées par les Beni-Raten.

Ces trois divisions s'établirent sur la rive gauche du Sébaou, au pied des contreforts, par lesquels elles devaient gravir les pentes escarpées de la puissante tribu et leurs camps, situés au milieu des champs fertiles de la vallée, produisaient l'aspect le plus imposant. Malheureusement, pendant quelques jours, le temps fut peu favorable aux opérations, et on dut attendre au 23 mai pour se mettre en marche. Le 20, un ordre général du maréchal Randon avait été communiqué aux troupes et sa belliqueuse parole avait fait courir parmi tous nos régiments un frémissement d'enthousiasme et d'impatience.

« Soldats, disait cet ordre du jour, je vous disais naguère : Au printemps prochain, nous reviendrons poursuivre notre œuvre. La volonté de l'Empereur et les instructions du ministre m'ont permis de tenir ma promesse.

» Demain matin, nous attaquons la plus puissante tribu de la Kabylie. Elle se défendra bravement, j'y compte; votre gloire en sera plus grande. Des chefs habiles vous commandent. Dangers, obstacles, fatigues, tout s'effacera devant votre ardeur.

» Marchez ! et bientôt notre cri de victoire : « Vive l'Empereur ! Vive la France ! » retentira sur le sommet des montagnes.

» Le 20 mai, au Quartier général, au camp de Hamis.

Maréchal RANDON,
Gouverneur général.

L'objectif de la 1re partie de la campagne comprenait deux opérations militaires distinctes : 1° la soumission des Beni-Raten; 2° la construction d'un fort destiné à maintenir à l'avenir les tribus kabyles dans l'obéissance et pour ce, le choix de ce fort était fixé au sommet du plateau de Souk-el-Arba, en plein centre de la Grande Kabylie.

Tandis que la 1re division (Renault) devait s'emparer du contrefort de droite, que la 2e (Mac-Mahon) devait suivre un éperon défendu par les villages de Belias et d'Affensou et se rattachant au contrefort du centre au-dessus du deuxième village, la 3e (Yusuf) était chargée de l'attaque des villages d'Ighil-Guefri, Tagmount et Ighil-Hadjli qui couronnaient l'arête principale de ce dernier mamelon.

Le 24 mai, le 45e est lancé à la suite du 1er zouaves et, après un combat acharné, s'empare des villages de Tagmount et Affensou. A 8 heures du matin, la tâche du 45e était accomplie.

Le 26 mai, les Beni-Raten firent leur soumission.

Avant de terminer son œuvre de conquête et de pacification, le maréchal Randon veut profiter de son triomphe et, pour assurer définitivement la domination française sur le pays soumis, il va s'établir à Souk-el-Arba.

Dès le 2 juin, fort et route commencent à la fois; toutes les troupes du corps expéditionnaire y sont employées et 10.000 hommes se mettent journellement l'ouvrage. Depuis le Maréchal jusqu'au soldat, chacun surveille ou travaille. Les camps des trois divisions sont comme trois ruches immenses, d'où sortent, chaque matin, des essaims de travailleurs, acceptant avec entrain leur rude mission.

Le 14 juin, jour anniversaire du débarquement des Français en Afrique, la première pierre du fort de Souk-el-Arba est posée et le nom de Fort-Napoléon lui est donné. Une cérémonie grandiose tout à la fois religieuse et militaire, préside à cette inauguration qui a lieu devant le Maréchal, entouré de tous les généraux et de leurs états-majors, ainsi que devant toutes les troupes du corps expéditionnaire.

La grande œuvre pacifique de la campagne est achevée; les fortifications sortent de terre et une large et superbe route relie Alger à Souk-el-Arba; l'œuvre de guerre va donc recommencer avec les tribus qui restent à soumettre. On laisse six bataillons dans ce nouveau fort. et, le 24 juin, les camps des trois divisions se lèvent; le même jour, pendant que la division de Mac-Mahon livre le mémorable combat d'Ichériden, les 1re et 3e divisions se portent contre les Beni-Yenni.

Les 25, 27 et 28 juin, on attaque suc-

cessivement leurs villages, El-Hassem
Aït-el-Arba, Taourirt-Mimoun, que l.
division Yusuf enlève successivement. L
9 juillet, le 1ᵉʳ bataillon du 45ᵉ enlèv
le village d'Iferahounen. Dans un ordr
du jour, le colonel Bataille félicite l
bataillon et publie les noms de tous ceu:
qui se sont le plus particulièrement dis
tingués, savoir :

MM. de Solignac, chef de bataillon
Plan, capitaine adjudant-major; Alègr
et Gely, capitaines; Desboves, sous-lieu
tenant; Pigout, sergent, blessé; Paul
caporal, blessé deux fois; Dulenne, fusi
lier : se sont fait remarquer en allan
au secours des blessés;

Villain, sergent; André, voltigeur
blessé : se sont fait remarquer en outr
par leur brillante conduite;

Acquart et Hosse, grenadiers; Kols
mitt, clairon; Carottes et Nimé, fusiliers
Ferrucci et Millet, sergents; Serre, capo
ral ; Troubat, sergent fourrier ; Varo
teaux, sergent; Martinau, voltigeur
Brillant, voltigeur; Madenier, clairon.

Dans cette lutte acharnée, contre u
peuple hardi et courageux qui défen
dait l'intégrité de ses montagnes, barri
cadant tous ses villages, disputant se
maisons une à une, les officiers et le
soldats du 45ᵉ se montrèrent les digne

émules des zouaves, leurs compagnons de combat, et rivalisèrent avec ce corps alors si remarquable de bravoure, d'entrain et de ténacité, à un tel degré qu'il fut surnommé, après cette campagne, le 4ᵉ zouaves.

Le 12 août 1857, à la suite de l'expédition de la Grande Kabylie, le colonel Bataille, qui avait fait preuve des plus remarquables qualités militaires, était promu général de brigade.

L'année 1858 fut encore employée par le régiment à de nombreux travaux de routes, notamment dans le périmètre kabyle du côté d'Aumale et de Bougie.

En mars 1859, le régiment fut surpris, au milieu de ses travaux ordinaires, par une dépêche qui lui ordonnait de se concentrer devant Alger, pour attendre l'issue des grands événements qui surgissaient en Europe.

Au commencement d'avril, le régiment reçoit l'ordre de rentrer en France pour faire partie de l'armée de Lyon, qui formait en quelque sorte l'avant-garde de l'armée d'Italie.

Campagne d'Italie.
(Mai à juillet 1859.)

Le 25 avril, la guerre ayant été offi-

ciellement déclarée à l'Autriche, le 45
était dirigé sur Marseille et, le 30, i
s'embarquait à destination de Gênes, oì
il débarquait les 1ᵉʳ et 2 mai.

Là, il se constituait à trois bataillon:
de six compagnies présentant un effecti
de 67 officiers et 1.800 hommes de trou
pe. Commandé par le colonel Manuelle
un vétéran des guerres d'Afrique et d
Crimée, il entrait dans la composition d
la 1ʳᵉ division (général de la Motterouge
du 2ᵉ corps (général de Mac-Mahon) e
formait, avec le régiment de tirailleur
algériens, la 1ʳᵉ brigade de cette divi
sion. La campagne s'ouvrait du rest
pour le régiment sous d'excellents aus
pices. Un corps composé de troupe
aguerries, sous les ordres de générau:
dont la valeur et les talents étaient con
nus de tous, se trouvait naturellemen
en mesure de faire de grandes chose
et de prendre une large part dans la lutt
héroïque prête à s'engager.

Le 45ᵉ allait combattre cette fois su
une terre immortalisée par ses ancêtre:
et, disons-le à sa louange, il devait prou
ver qu'il n'avait pas dégénéré.

Le 30 mai, le 2ᵉ corps se porte au-de
vant des Autrichiens; la brigade Lefèvr
(tirailleurs algériens et 45ᵉ de ligne) v
s'établir à Casale. Le 31, le régimer

passe le Pô, prend la route de Verceil où, en arrivant, il apprend le succès remporté à Palestro par l'armée sarde et le 3ᵉ zouaves. On ne s'arrête pas à Verceil et le 45ᵉ franchit successivement le Cervo et la Sesia, se dirigeant sur Novare.

Le lendemain, on devait séjourner dans cette ville, mais de nouveaux ordres arrivent, et la division La Motte-rouge est avertie de se tenir prête à partir. A 10 heures du matin, elle se porte entre les deux lignes du chemin de fer de Milan à Gênes et y établit son campement.

Le 3 juin, le 2ᵉ corps marche sur Turbigo et, à midi et demi, le 45ᵉ franchit le Tessin sous les yeux de l'Empereur, qui s'écrie en le voyant passer : « Soldats du 45ᵉ, rappelez-vous que vous êtes le premier régiment français qui entre en Lombardie, en 1859 ! »

Le Tessin franchi, le régiment se dirige sur Robechetto, où les tirailleurs algériens venaient de se heurter à une forte colonne autrichienne qu'ils mettaient en déroute après un court combat, la poursuivant la baïonnette dans les reins, à travers le village. A ce moment, le général Lefèvre arrive avec le 45ᵉ qui se porte à son tour en avant, appuyant le mouvement des tirailleurs et les aide à déloger de Robechetto, ses derniers défenseurs. L'artillerie du corps d'armée entre alors en ligne et crible de ses projectiles les troupes autrichiennes en retraite sur Malvaggio. Grâce à ce puissant soutien, notre mouvement en avant s'accentue de plus en plus, malgré une courageuse tentative de la cavalerie autrichienne pour l'arrêter. Un bataillon hongrois s'avance même pour prendre notre colonne en flanc; mais, vigoureusement abordé par le 45e, il est culbuté et se replie précipitamment.

Il était alors 5 heures du soir. De toutes parts, l'ennemi battu opérait sa retraite, laissant entre nos mains un canon ainsi que les sacs et les bagages de ses soldats abandonnés dans la précipitation de la fuite.

La vigueur avec laquelle cette brillante affaire avait été menée nous épargna des pertes sensibles. Le 45e, pour sa part, ne comptait que onze hommes hors de combat.

Le 4 juin 1859, l'armée française marchait sur Milan et se disposait à franchir de vive force la rivière du Tessin, derrière laquelle étaient postés quatre corps d'armée autrichiens ayant leur centre au village de Magenta.

Or, ce village était protégé de notre

côté par un canal profond, le Naviglio-Grande, et, à quelques centaines de mètres plus loin, par le cours du Tessin lui-même. Nous devions donc, avant d'aborder Magenta, enlever successivement deux ponts et passer deux cours d'eau sous le feu de l'ennemi en position et décidé à défendre vigoureusement le passage.

L'empereur Napoléon III jugea que, pour triompher de pareils obstacles, il était nécessaire de les attaquer de deux côtés à la fois et décida que, tandis que la garde les aborderait de front, le 2e corps d'armée, commandé par le général de Mac-Mahon, irait passer le Tessin un peu plus haut à Turbigo et se rabattrait ensuite sur le flanc droit de la position ennemie afin de prendre celle-ci à revers.

Il était 10 heures du matin quand les têtes de colonnes de la garde impériale chargées d'attaquer les ponts du Tessin et du canal abordèrent l'ennemi. A 4 heures de l'après-midi, elles luttaient encore avec une bravoure et une opiniâtreté admirables et cependant, les Autrichiens, embusqués dans les maisons qui bordent le canal, ne voulaient pas lâcher pied. Renforcée successivement par les troupes du 3e corps et une partie du 4e, la garde finit cependant par bri-

ser la résistance de l'ennemi et par le r
fouler sur Magenta. Mais là tous les e
forts de ces braves soldats se heurtèrer
à une défense désespérée et vinrer
échouer contre les maisons du villag
mises en état de défense et transformée
en autant de petites forteresses, d'où pa
tait un feu meurtrier. Les pertes étaier
sanglantes, et la victoire digne prix d
tant d'héroïsme, menaçait de nous écha
per, quand tout à coup le canon d
2° corps retentit sur notre gauche. S
lignes de tirailleurs débordèrent le nor
de Magenta, pénétrèrent dans les rues
les maisons, et, enfonçant la droite d
Autrichiens stupéfaits, conquirent le vi
lage que l'ennemi dut évacuer précip
tamment.

Voici ce qui s'était passé : la divisio
de La Motterouge, partie le matin d
Robechetto, avait marché le long du N
viglio-Grande, refoulant devant elle l
avant-postes que les Autrichiens l
avaient opposés par deux fois; elle éta
entrée ainsi à Buffalora et se dirigea
sur Magenta, quand tout à coup, du m
crénelé placé contre la route, part u
terrible fusillade qui creuse dans so
avant-garde des vides cruels. C'était
Cascina-Nova, grande ferme où les Au
trichiens s'étaient retranchés fortemen

pour barrer la route à nos soldats. Aussitôt le 45ᵉ déploie ses deux premiers bataillons. Au signal de son chef, le brave colonel Manuelle, qui l'entraîne l'épée haute, il s'élance au pas de course, fond sur les deux régiments hongrois qui gardent les abords de l'obstacle, les disperse et les rejette en désordre sur le chemin de Magenta. En même temps, le 3ᵉ bataillon pénètre dans la ferme, se jette à la baïonnette sur les compagnies qui l'occupent et bientôt de celles-ci il ne reste plus un seul homme. Tout a été blessé, tué ou pris. Alors les deux premiers bataillons s'élancent à la poursuite des fuyards, les atteignent, les bousculent une seconde fois et leur capturent un drapeau, avec 1.500 prisonniers dont un colonel.

Deux heures après, la division La Motterouge, jointe à la division Espinasse qui, de son côté, venait de livrer le vaillant combat de Marcallo, où le 2ᵉ zouaves s'était couvert de gloire, entrait dans Magenta, en chassait définitivement les Autrichiens et inscrivait ainsi dans les fastes de la patrie française une nouvelle et éclatante victoire à laquelle l'intrépidité du 45ᵉ avait puissamment contribué.

L'Empereur, voulant reconnaître la

part prépondérante prise à ce magnifique succès par le 2ᵉ corps de l'armée d'Italie, élève son chef, le général de Mac-Mahon, à la dignité de maréchal de France et le crée duc de Magenta.

Quant au 45ᵉ, il reçoit l'insigne honneur de prendre la tête des troupes lorsque, trois jours plus tard, l'armée victorieuse entre dans Milan. C'est ainsi que le drapeau de notre régiment, qui, le premier déjà, avait franchi les frontières de la Lombardie, flotte aussi, avant tous les autres, dans la capitale conquise par la vaillance de ceux qu'il abritait de ses plis. Ce fut un véritable triomphe que cette entrée des Français dans Milan. La population tout entière était accourue au-devant de nos soldats. De la porte Vercilina à la porte Pavie, où le campement du 45ᵉ était établi, les flots de rubans, les fleurs, les couronnes, les cigares étaient jetés à profusion sur nos braves troupiers. L'enthousiasme italien, cet enthousiasme chauffé au soleil des plaines lombardes et surexcité par cette suite de victoires, s'allumait au point de devenir du délire et se traduisait par des cris, des vivats, des trépignements, des embrassements chaleureux sous lesquels les vainqueurs de Magenta se trouvaient littéralement étouffés. Le nom de

Magenta, inscrit sur notre drapeau actuel, perpétue le souvenir de cette belle victoire.

Mais l'armée ne devait pas s'amollir longtemps dans ce trop sympathique séjour, car si nous étions maîtres de Milan, il nous restait encore à conquérir la partie la plus importante de la Lombardie.

Le 8 juin, à 4 heures du matin, le 2e corps quitte Milan et se porte par la route de Lodi sur Melegnano, où s'était solidement retranchée une division autrichienne appuyée par une forte artillerie. Mais le maréchal Baraguey d'Hilliers, commandant le 1er corps, n'avait pas attendu sa jonction avec le 2e; il tenait, lui aussi, à sa division personnelle et lorsque le soir, les divisions La Motterouge et Decaen (ancienne Espinasse) arrivèrent à Dresaro, près Melegnano, les Autrichiens battus étaient en pleine retraite.

Après une série de marches et de contre-marches, nécessitées par les mouvements de nos adversaires, qui se dérobaient sans cesse à notre contact, le 45e se trouvait le 18 juin à San-Zeno, à 4 kilomètres de Brescia. Là, il était passé en revue par le général de La Motterouge, qui, après l'avoir chaudement félicité sur sa vaillante conduite dans les précédents combats, remettait lui-même la croix de commandeur de la Légion d'honneur au colonel Manuelle, et celle de chevalier aux capitaines Lefebvre, Gély, Blondy, au lieutenant Frayermouth, au tambour-major Desfarges, au sergent-major Carmentrau, au fourrier Bernier et au sapeur Kyzerin. En outre, la médaille militaire était conférée à cinq sous-officiers et à quinze caporaux et soldats.

Le lendemain, le 45ᵉ passait la Chiese sans difficulté et allait camper, pendant les journées des 21, 22 et 23, à 2 kilomètres au sud de Castiglione.

Dans la journée du 23, de nombreuses reconnaissances de cavalerie parcoururent la plaine dans la direction du Mincio et s'accordèrent à constater que l'ennemi occupait déjà en forces considérables Solférino, Cavriana, Guidizzolo et Medole.

Vers 3 heures du matin, l'armée française tout entière se met en mouvement; le 2ᵉ corps a l'ordre de se tenir prêt à se porter sur Cavriana, mais toutefois il ne lui est pas possible, pendant de longues heures, de quitter la position expectante qu'il a dans la plaine de Medole, à cause du vide qui aurait existé

entre sa droite et la gauche du 4e corps
(Niel). Il en est donc réduit à la simple
action de son artillerie, qui, sous l'ha-
bile direction du général Auger, cou-
vrait de projectiles la route de Mantoue
par laquelle s'avançait le 3e corps ennemi.

Pendant cette canonnade, qui dura
environ deux heures, le 45e, déployé à
hauteur de Medole, ramassa six cents
prisonniers provenant d'un régiment
hongrois débordé et sabré par notre cavalerie.

Vers 11 heures du matin, la division
de cavalerie de la garde, commandée par
le général Morris, vient combler le vide
existant entre le 2e et le 4e corps et, au
même moment, le général Niel fait pré-
venir le maréchal Mac-Mahon qu'il est
prêt à se porter en avant pour protéger
le mouvement du 2e corps sur Cavriana.

Désormais sans inquiétude pour sa
droite, le Maréchal ordonne à la division
La Motterouge de s'avancer d'abord dans
la direction des hauteurs de Solférino
pour appuyer l'attaque des voltigeurs de
la garde, puis de tourner ensuite à droite
en se rabattant sur Cassiano et de s'emparer de cette importante position.

En conséquence, la brigade Lefèvre
(tirailleurs algériens, 45e et 65e de li-

gne) fait aussitôt un changement de direction à gauche, l'aile droite en avant et se dirige directement de Medole sur Solferino. Le 45e se porte au pas accéléré sur la ferme de Malpetti, s'en empare, après un court engagement, et, de là, marche sur les hauteurs de Fontana, dont le premier mamelon vient d'être enlevé par les turcos du colonel Laure. Le 45e s'élance à son tour sur le second mamelon; mais, reçu par des forces très supérieures, il ne peut l'enlever et se replie en bon ordre en attendant du renfort.

L'Empereur venait d'arriver sur le champ de bataille et, voyant l'insuccès du 45e, il juge qu'il faut en toute hâte soutenir ce brave régiment. A cet effet, il fait avancer le 1er grenadiers de la garde, ainsi qu'une batterie du même corps qui est dirigée par le général Lebœuf lui-même et qui commence une intense canonnade sur les masses autrichiennes qui couvrent les hauteurs.

Dès que le général Lefèvre se voit et se sent appuyé, il rallie les bataillons de sa brigade et les porte de nouveau au pas de charge sur les mamelons de Fontana. Mais l'ennemi, très nombreux sur ce point, nous oppose une solide résistance et reprend même une partie du

errain qu'il a perdu lors de l'attaque des
urcos.

En ce moment, entre en ligne le 72ᵉ
conduit par son vaillant colonel Castex;
es bataillons, déployés en bataille à dis-
ance entière, s'avancent fièrement et
dépassent les bataillons disloqués de la
brigade Lefèvre. A leur fière contenan-
e, il n'y a qu'un cri parmi nos troupes :
En avant! En avant! » La charge reprend alors sur toute la ligne; 45ᵉ, 72ᵉ
et turcos se précipitent de nouveau à
l'assaut des hauteurs, et, dans un élan
impétueux, irrésistible, ils délogent une
seconde fois les Autrichiens. Mais, une
seconde fois aussi, ceux-ci, recevant de
nouvelles réserves, forcent nos soldats à
la retraite.

Il faut pourtant en finir. Le général
de La Motterouge accourt avec sa 2ᵉ brigade; il forme trois colonnes d'attaque,
la première comprenant le 45ᵉ et les tirailleurs algériens, la seconde les 70ᵉ et
72ᵉ de ligne, enfin la troisième, à la tête
de laquelle il marche, le 65ᵉ de ligne.
Ces colonnes s'avancent au pas de charge, tambours et clairons battant et son-
nant, aigles déployées; c'est le dernier
effort, la lutte suprême pour la conquête
d'une position dont dépend le sort de la
journée.

Dans ce combat opiniâtre, désespér
le 45e est vraiment superbe de courag
et d'entrain. Son intrépide colonel e
tête, il se précipite sur les Autrichier
avec une ardeur furieuse, et au milie
de projectiles, il aborde une troisièn
fois l'ennemi, le culbute et, regagnar
peu à peu tout le terrain perdu, il
pousse jusque dans Cavriana, la baïor
nette dans les reins.

Rien d'ailleurs n'avait pu résister
la vigoureuse impulsion de nos rég
ments, et, malgré leur courageuse téna
cité, les Autrichiens avaient dû une foi
encore plier devant la *furia frances*
Les généraux de La Motterouge et d
Pothès d'un côté, le général Lefèvre d
l'autre, avaient enfin pénétré dans le
tranchées ennemies, délogé les défer
seurs et s'étaient mis à la poursuite de
fuyards, qui se précipitaient pêle-mêl
dans les rues de Cavriana.

En ce moment (4 heures de l'après
midi), une effroyable tempête éclate su
les deux armées, un vent furieux soulèv
d'épais tourbillons de poussière qui en
vahissent la plaine et obscurcissent l
ciel; bientôt à l'ouragan se joint un
pluie torrentielle qui paralyse tout mou
vement et suspend complètement l
lutte. A la faveur de cette tourmente

l'ennemi opère une retraite qui, sans cette inattendue diversion, se serait certainement changée en déroute.

Le 45ᵉ bivouaqua sur le terrain même qu'il avait si brillamment conquis, et si largement arrosé de son sang. Ses pertes étaient sensibles : 20 officiers, 300 sous-officiers et soldats étaient hors de combat. Le lieutenant Morand et les sous-lieutenants de Valentin, Arbelet et Jardinet avaient été mortellement frappés.

Du reste, dans leurs rapports, le maréchal Mac-Mahon et l'Empereur se plurent à citer le régiment comme s'étant tout particulièrement distingué durant cette lutte héroïque et sanglante (1).

Le 25 juin se passa à inhumer les morts. Le 2ᵉ corps et la garde campèrent à Cavriana, où s'était établi le grand quartier général. Ce même jour, un décret parut qui nommait au 45ᵉ de ligne dans l'ordre de la Légion d'honneur :

Au grade d'officier : M. Chavannes de Chastel, chef du 1ᵉʳ bataillon;

---

(1) « ... Parmi les corps qui ont le plus souffert, je citerai le 45ᵉ déjà si éprouvé à Magenta et qui a eu dans cette journée 20 officiers mis hors de combat... » (Extrait du Rapport officiel. *Signé* : Mac-Mahon.)

Au grade de chevalier : MM. Tréfouel, capitaine, qui, blessé très grièvement, succomba à ses blessures le 25 juillet suivant; Sidorre, capitaine; Dechamp et Desboves, lieutenants; les sergents Lacoste, Pichot, Troubat, Martin et Caillot, ces trois derniers blessés grièvement.

La médaille militaire était, en outre, conférée à dix-neuf sous-officiers et soldats.

Le 26, le 45e quitte Cavriana pour se rapprocher du Mincio et s'engage sur la route de Solférino à Monzombano. La marche se continue jusqu'à Campagnano, puis sur Castellaro, où le régiment séjourne jusqu'au 30 juin.

Le 8 juillet, après quelques jours de marche en avant, et au moment où l'on croyait reprendre les hostilités, un armistice est conclu à Villafranca entre les deux empereurs Napoléon III et François-Joseph et le roi Victor-Emmanuel.

Le 15 juillet, l'armée française commença son mouvement de retraite. Le 45e quitte Santa-Lucia, où il cantonnait depuis l'armistice, se dirige sur Brescia, puis sur Roncadello, où il arrive le 18. Il séjourne dans cette localité jusqu'au 25 et se rend ensuite à Milan, qu'il quitte le 27.

Le 5 août, il arrivait à Paris par les voies ferrées et allait s'installer au camp de Saint-Maur.

Le 14 août, l'armée d'Italie fait son entrée triomphale dans Paris. Le drapeau du 45e, tout mutilé par les projectiles, fut accueilli par les vivats les plus enthousiastes et couvert de couronnes et de fleurs. En récompense de sa belle conduite en Italie, le régiment était désigné pour tenir garnison à Paris.

CHAPITRE V

Le 45e d'infanterie contemporain.

(1870-1904.)

Guerre de 1870-71.

Armée du Rhin.

Le 19 juillet 1870, le régiment, en garnison à Belfort, reçoit l'ordre de partir pour l'armée du Rhin; il se joint au 1er régiment de zouaves pour former la 2e brigade de la 1re division du 1er corps d'armée (maréchal de Mac-Mahon).

Frœschwiller.

(6 août.)

Le 6 août, le 45e, prolongeant le 1er zouaves, se trouve à l'aile gauche du corps d'armée, en position dans les champs de houblon et ayant devant lui des bois de sapins occupés par des Bavarois.

L'ennemi cherche à tourner la gauche

française; dans ce but, les Bavarois tentent à plusieurs reprises de sortir des bois qui les abritent; mais ils sont repoussés chaque fois par les feux ajustés de nos tirailleurs, qui les attendent à bonne portée. Le combat continue avec fureur durant toute la journée sur le centre et à l'aile droite, l'aile gauche se contentant de contenir l'ennemi. Mais, débordées de tous côtés, ramenées de front par les troupes fraîches que l'ennemi met en ligne, nos troupes évacuent leurs positions. Enfin, le Maréchal se décide à ordonner la retraite qui termine cette bataille, dite de Frœschwiller, où nous avions combattu un contre quatre; pour donner le temps aux troupes engagées d'effectuer leur retraite, six régiments de cuirassiers chargent successivement l'ennemi; leur dévouement permet de mettre un peu d'ordre dans ce mouvement rétrograde des régiments disloqués par un combat furieux et de confier au 45ᵉ et au 1ᵉʳ zouaves l'honneur de couvrir la retraite du 1ᵉʳ corps, mission dont les deux corps s'acquittent si bien que la cavalerie allemande perdit le soir même le contact de l'armée française.

Les pertes du régiment ont été de : 5 officiers tués ou morts à la suite de blessures ; 10 officiers blessés, dont

7 grièvement; 410 hommes tués ou blessés.

Sedan.

(1er septembre.)

Le 1er septembre, le 45e, établi sur les hauteurs de Givonne, prend les armes à 5 heures du matin. Un premier obus enlève quatre hommes; le régiment reçoit l'ordre de se porter en arrière dans un bois où, jusqu'à midi, il reste sous une grêle de projectiles dont il se défile autant que possible.

A midi, il est dirigé sur Sedan; vers 3 heures, il engageait une lutte très vive dans le village de Balan, lorsque le drapeau blanc fit cesser le feu. Le 45e avait perdu dans cette journée douze officiers, dont trois tués et neuf blessés. Le régiment, ne voulant pas accepter la capitulation, se dispersa en plusieurs groupes; l'un rentra dans Sedan, un autre passa en Belgique, enfin un groupe d'environ 250 hommes et plusieurs officiers du 45e de ligne chercha à gagner Mézières en perçant les lignes ennemies.

Chargés par un régiment de dragons prussiens, les hommes composant cette petite colonne se dispersent. Les uns passent en Belgique; les autres arrivent, au nombre de 160 environ, vers 10 heures du soir, à Mézières, emmenant avec eux dix dragons prussiens, dont un officier.

Ce détachement est commandé par les capitaines Franck et Algay, le lieutenant Leroy, les sous-lieutenants Dalverny, Janson et Bidegain. Le médecin-major Hervé se trouve avec ces braves.

Dans la charge des dragons allemands, le caporal-sapeur Gineys, qui porte le drapeau du 45ᵉ, est coupé de la colonne et, avec quelques camarades, se réunit à une troupe de soldats de différents corps que commande un lieutenant d'infanterie de marine. Ils se dirigent vers la frontière belge.

Ce brave sapeur se voit, avec peine, obligé de passer en Belgique, car il a hâte de remettre le drapeau entre les mains du lieutenant-colonel Germain, qui commande son régiment, le colonel Bertrand, malade, ayant quitté le 45ᵉ à Mourmelon.

Durant la marche, Gineys essaie de s'esquiver; mais l'officier s'aperçoit de cette tentative et lui expose qu'il ne peut entrer en Belgique, drapeau déployé, car on doit déposer les armes, et, si cet étendard est aperçu par les soldats belges, il faudra aussi le leur livrer.

Gineys déchire alors la soie, s'en fait
ne ceinture, cache sur sa poitrine l'aile et la cravate tricolore et, coupant la
ampe en deux, il en donne un morceau
un de ses camarades, et tous deux en
nt une canne.

Durant son internement, Gineys re-
se de remettre son drapeau à des offi-
ers qui lui offrent pour ce précieux dé-
ôt un abri sûr, ou qui, rentrant en
rance, s'engagent à le remettre à son
lonel. Jamais Gineys ne consentit à
 dessaisir du drapeau de son régiment.
'armistice lui permit de rentrer en
rance; mais, arrivé à Calais, il ne put,
rès cinq mois d'internement en Belgi-
ie, rejoindre son ancien régiment,
ant été versé dans le 64° de ligne.

Ce brave caporal demande alors à son
uveau chef une permission, fait le
yage à Bourg à ses frais à travers les
oupes prussiennes et vient remettre,
ns cette dernière ville, son précieux
pôt au lieutenant-colonel Germain.

Le caporal-sapeur Gineys fut nommé
evalier de la Légion d'honneur le
février 1877.

Strasbourg.
(6 août au 28 septembre).

Un détachement de 100 hommes, sou
les ordres du sous-lieutenant Homp
part du dépôt à Belfort, le 6 août, po
renforcer le régiment; arrivé le 6 à Stra
bourg, il y est retenu par le gouverne
et reste attaché à la défense de la plac
Le 16, cette fraction du 45ᵉ, sous les o
dres du sous-lieutenant Homps, est cha
gée de faire la reconnaissance du villa
d'Illkirch. Elle sort de la place, est ape
çue par l'ennemi et, malgré un feu tr
vif, elle pénètre dans le village où el
perd 14 hommes tués ou blessés.

Sur la proposition de M. Homps,
sergent-major Couesnon est nommé sou
lieutenant et tombe quelques jours aprè
frappé par un obus.

Jusqu'à la capitulation, le détach
ment concourt au service de pourvoyeu
de munitions, à celui des avant-poste
à la protection des travailleurs et assis
à deux sorties.

Mézières.
(27 septembre au 1ᵉʳ janvier 1871).

A la suite de la bataille de Sedan, ur

fraction du régiment s'était dirigée sur
Mézières; attaquée en route par des dragons prussiens, cette colonne, diminuée
de quelques hommes passés en Belgique,
entra à Mézières le 27 septembre avec
dix prisonniers prussiens dont un officier.

L'effectif restant s'élevait à 138 hommes. Ce détachement, jusqu'au 1er janvier 1871, occupa les dehors de la place
et cantonna successivement dans les villages de la Theux et de Mohon, jusqu'au
moment de la capitulation de Mézières,
où il fut emmené en captivité par les
Allemands à Magdebourg.

Belfort.

(29 novembre 1870 au 13 février 1871).

Au départ du régiment pour l'armée
du Rhin, le dépôt restait à Belfort. Dans
le courant du mois de septembre, par
suite de créations nouvelles, il fut porté
au chiffre de onze compagnies, dont une
fut envoyée à Nevers; les six premières
constituèrent un bataillon qui prit le
nom de 3e bataillon de marche du 45e de
ligne; les quatre suivantes demeurèrent
Belfort et constituèrent le dépôt du
corps.

Le 3e bataillon de marche du 45e

campe successivement sur les glacis et
la gare, alors que le dépôt, caserné da
l'enceinte, est chargé de faire le servi
aux portes et sur les remparts.

Le 3ᵉ bataillon, jusqu'au 23 novembr
est employé aux avant-postes et aux so
ties; à cette date, ayant été envoyé ho
de la place pour tâter l'ennemi et
faire déployer, il entretient penda
toute la journée une vive fusillade av
les soldats allemands, et ne rentre
Belfort qu'à la tombée de la nuit.

La ligne d'investissement se resserrai
le bombardement allait commencer :
bataillon s'occupe de construire des abr
blindés.

Le 3 décembre, commence le bomba
dement, qui sans cesse ni relâche deva
durer soixante-treize jours; au bataillo
échoit la défense des faubourgs.

Le 26 janvier, l'ennemi attaque l
forts des Hautes et des Basses-Perche
le bataillon du 45ᵉ, établi dans des tra
chées placées en avant du fort, atten
l'ennemi et le reçoit à bout portant pa
une fusillade très nourrie. Les Alle
mands s'arrêtent, cherchant un abri coi
tre les balles ; mais le 45ᵉ sort de l
tranchée et à la baïonnette oblige l'ei
nemi à battre en retraite, abandonnar
ses morts et ses blessés; il ramène ei

viron 260 prisonniers dont 7 officiers. Le 30 janvier, le bataillon prend possession du fort des Hautes-Perches et l'occupe jusqu'au 5 février, malgré le tir incessant de l'ennemi, qui lance jusqu'à 3.000 projectiles par jour.

Pendant ce temps, le dépôt caserné dans l'enceinte, outre le service déjà indiqué, était employé aux incendies provoqués par le bombardement, et s'y signalait plusieurs fois.

Dans la nuit du 12 au 13 février, un couvent en feu menaçait, par sa proximité de l'arsenal, de faire sauter la ville entière; le dépôt du 45ᵉ est envoyé pour combattre l'incendie; malgré le tir des ennemis, il travaille sans relâche, se rend maître du feu et ne se retire que lorsque l'arsenal est à l'abri de tout danger.

Le 13 février, un armistice est conclu; la garnison de Belfort sort de la place avec les honneurs de la guerre; le 45ᵉ, en deux colonnes, est dirigé sur Bourg, où il arrive les 25 et 28 mars.

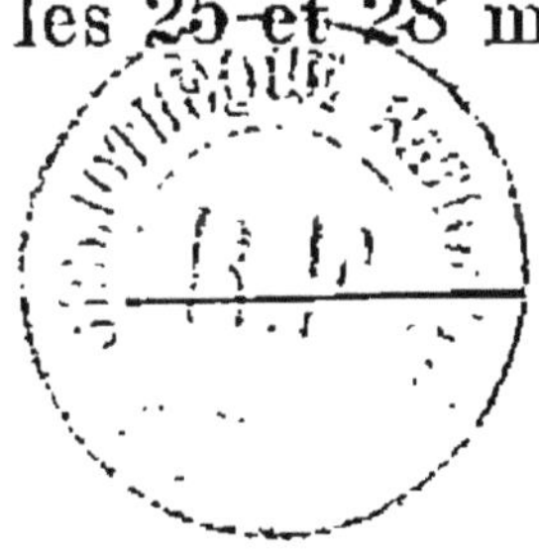

Le 45e régiment de marche.

Armée de la Loire.

Au mois d'octobre 1870, Paris était investi, notre armée était en partie prisonnière, en partie immobilisée dans des places assiégées. Il ne restait, comme troupes disponibles, que quelques dépôts et les soldats de la marine. Malgré ces faibles ressources, malgré la pénurie des arsenaux et le manque d'argent, le gouvernement ne désespéra pas du salut de la patrie; il décida qu'on résisterait à l'ennemi et travailla énergiquement à nous donner des armées.

La création d'une armée en arrière de la Loire fut tout d'abord décidée, ses éléments se rassemblèrent à la hâte venant de tous les points de la France; son organisation fut activée par le zèle de son commandant en chef, d'Aurelles de Paladines, qui, le 15 octobre, prenait la direction du 15e corps d'armée constitué par ses soins. Pendant ce temps, il avait été impossible de rassembler assez de monde pour pouvoir s'opposer à la marche d'un corps d'armée bavarois, qui venait de s'emparer d'Orléans non sans rencontrer une vive résistance de la part des troupes qu'à la hâte on avait lancées à sa rencontre. Le gouvernement français hâtait la formation des corps qui devaient composer l'armée de la Loire. Le 16ᵉ corps fut formé le 30 octobre, et le 17ᵉ le 31 du même mois. C'est dans le 17ᵉ corps que fut versé le 45ᵉ régiment le marche.

Formé avec le concours de douze régiments, le 45ᵉ de marche comprenait trois bataillons à six compagnies et se composait en grande partie de militaires rappelés et de prisonniers échappés. Les officiers avaient déjà presque tous été blessés depuis le commencement de la guerre.

Le 4 novembre, le 45ᵉ part de Tourset avec le 17ᵉ corps, soutient les 15ᵉ et 16ᵉ qui, le 9, livrent la bataille victorieuse de Coulmiers et reprennent Orléans.

Le 25, il contribue à la prise de Brou, à la retraite des Allemands, et rentre le soir dans ses cantonnements, ayant marché ou s'étant battu pendant trente heures.

Le 26, il se porte sur Binas, où il arrive après une marche de deux jours et de deux nuits par un froid rigoureux.

Pour couvrir l'armée d'investissement

de Paris, les Allemands venus de Me
se concentraient au nord des positio
occupées par l'armée de la Loire; de u
tre côté, les nouvelles indiquaient qi
l'armée de Paris avait rompu les ligu
ennemies ; l'armée de la Loire reço
l'ordre de marcher sur Paris pour do
ner la main aux troupes qu'on en croya
sorties. Elle se heurta aussitôt cont
l'armée allemande du prince Frédéri
Charles et dut lutter contre elle penda
les journées des 2, 3 et 4 décembre.

Le 2 décembre au matin, les cor
sont réunis pour livrer la bataille
Patay; le 45ᵉ arrive sur le champ de b
taille à midi pour appuyer le 16ᵉ corp
mais le général en chef le fait port
sur Loigny, où nos troupes épuisé
commencent à plier; c'est avec un b
taillon de volontaires de l'Ouest et zou
ves pontificaux, auxquels se joigne
deux compagnies de mobiles et
francs-tireurs, que le général de Son
enlève le village après trois attaques su
cessives, mais ne peut s'y maintenir.
9 heures du soir, le 45ᵉ reçoit l'ordre
se replier sur Patay, où il arrive à m
nuit.

Les opérations du 17ᵉ corps avaie
réussi et on pouvait compter sur un su
cès général ; malheureusement, le 1

corps avait été complètement désorganisé et, le 3 au matin, l'ordre est donné de battre en retraite sur Orléans; le 4, les Allemands séparent en deux tronçons les troupes qui formaient l'armée de la Loire : celui de droite, qui prend le nom de 1re armée de la Loire, évacue Orléans après un combat malheureux; celui de gauche, comprenant les 16e et 17e corps, passe sous le commandement du général Chanzy et prend le nom de 2e armée de la Loire. Le général Chanzy se retire le 4 au soir sur Josnes. Le 45e y arrive le 5, à 1 heure du matin, ayant perdu beaucoup d'hommes par suite du froid et de la fatigue.

Le 8, le 45e reçoit l'ordre de s'emparer du village de Cravant; l'attaque commence vers 1 heure; nos soldats sont dans le village, lorsque des feux d'artillerie et d'infanterie les prennent de front et de flanc, les obligeant à se retirer; le colonel se décide à reprendre la position évacuée, il rassemble les débris de son régiment et les reconduit au pas de charge contre le village; mais cette attaque est repoussée et le 45e se retire laissant sur le terrain plus de 400 morts ou blessés.

Le 11, l'armée française se retire sur Vendôme; le 13, le régiment est désigné

pour couvrir la retraite du corps d'ar
mée et livre un combat d'arrière-gard

Le 16, après avoir campé dans l
neige et la boue, les troupes continuer
la retraite sur le Mans; jusqu'au 11 jar
vier, le 45ᵉ combat pour la défense de
villages qu'il est chargé d'occuper; dar
ces rencontres, il y a 4 officiers et 11
hommes hors de combat.

Le 11 janvier, l'armée de Chanzy, at
taquée par les Allemands, livre la ba
taille du Mans; le régiment réussit
refouler les Prussiens; un combat de bo
terrible s'engage ; interrompu par l
nuit, il est repris le lendemain 12, ave
autant d'acharnement; mais le manqu
de munitions fait bientôt décider la re
traite; les pertes sont, tant tués que bles
sés, de 4 officiers et 150 hommes.

Après deux jours de lutte, la retrait
sur la Mayenne s'effectue par des che
mins couverts de près d'un pied d
neige.

Le 29, arrivait la nouvelle de l'armis
tice; la guerre contre l'Allemagne étai
terminée.

Campagne de 1871 à l'intérieur.

Le 4 mars, en vertu d'une conventio
spéciale, le 45ᵉ traverse en chemin d

fer les provinces de l'Ouest occupées par les Prussiens et arrive à Paris le 5.

Au 6 avril, il se trouve au village et à la redoute de Châtillon; les 7 et 8, il combat les insurgés; le 15, un bataillon prend part à l'attaque du château de Bécon; dans la nuit du 12 au 13 mai, il contribue au mouvement général sur la porte de Passy; le 22, il entre à Paris; le 23, il arrive à Montmartre, contribue à la prise des barricades et refoule les insurgés dans leurs derniers retranchements; cette guerre de rues prit fin le 28 mai.

Le 45e de marche datait de sept mois; il comptait à son actif : trois batailles rangées, cinq combats à l'armée de la Loire, et la campagne de l'intérieur; cette dernière lui coûtait 6 officiers et 90 hommes tués ou blessés.

CHAPITRE VI

Le 45ᵉ régiment de ligne depuis 1871.

Le régiment est réorganisé, le 10 octobre 1871, par sa fusion avec le 45ᵉ de marche, et réuni au camp de Satory, sous le commandement du colonel d'Arguesse.

Il a successivement tenu garnison à Paris (1873-74), à Givet et Rocroi (1875). Depuis le 9 avril 1875, il est réuni à Laon. Il a successivement fourni des détachements à Ham, Verdun, Longwy, Guise, Sissonne et Hirson.

Le 10 novembre 1875, le colonel d'Arguesse était nommé général et remplacé par le colonel Chevallier.

De nouveaux drapeaux devant être donnés à l'armée le 14 juillet 1880, une députation comprenant le colonel, un capitaine, le porte-drapeau, un sergent, un caporal et trois soldats fut envoyée à Paris. On reçut le drapeau à la revue de Longchamp, des mains de M. Grévy, président de la République.

Le 17 septembre 1883, le colonel Harty de Pierrebourg prend le commandement du régiment. Promu général de

brigade le 28 décembre 1889, il eut pou
successeur le colonel Abadie, mort e
activité de service le 12 septembre 189
et remplacé un mois après par le colo
nel Pau.

Le 11 octobre 1894, le colonel Pa
était nommé au 54e et le colonel Miche
du 60e de ligne, sous-chef de cabinet d
Ministre de la guerre, passait au 45e. I
conservait toutefois ses fonctions à Pa
ris et le lieutenant-colonel Roy de La
chaise exerçait le commandement effec
tif du régiment.

Au mois de janvier 1895, le régimen
fournit dix-huit volontaires, choisis par
mi les deux cents qui s'étaient présentés
au 200e de ligne, formé pour prendr
part à l'expédition de Madagascar.

Le 24 avril 1895, le lieutenant-colonel
Brunet, breveté hors cadres, était promu
colonel et nommé au 45e en remplace
ment du colonel Michel.

L'année suivante, au mois de juillet,
le régiment vint inaugurer le camp de
Sissonne, à 20 kilomètres de Laon.

Le 30 décembre 1899, le colonel Ram
baud prend le commandement du 45e par
suite de la nomination du colonel Bru
net au grade de général de brigade.

Depuis 1891, le 45e célèbre le 4 juin
sa fête de régiment, rappelant le glo-

rieux anniversaire de Magenta. En 1902, sur la demande des officiers, la somme destinée à la célébration de cette cérémonie est adressée aux habitants de Saint-Pierre de la Martinique, si cruellement éprouvés par l'éruption volcanique du mont Pelé.

Le 9 avril 1903, le colonel Donau prend le commandement du régiment, en remplacement du général Rambaud.

CONCLUSION

L'histoire du régiment est féconde en enseignements : elle nous montre nos aînés sous l'ancienne monarchie, alliant la plus grande intrépidité à une stricte discipline, faisant leur devoir en toutes circonstances et obtenant par leur conduite des distinctions exceptionnelles ; elle nous les représente, dans les guerres de la Révolution, également valeureux et supportant avec une abnégation héroïque des privations et des fatigues de toutes sortes; nous les retrouvons sous l'Empire, contribuant puissamment aux succès des campagnes légendaires de Napoléon.

En Algérie, ils soutiennent la vieille réputation du régiment. En Italie, ils méritent les éloges les plus flatteurs. Enfin, dans la guerre malheureuse de 1870, ils sont abandonnés par la victoire, mais sans faiblir; à Frœschwiller comme à l'armée de la Loire, ils font jusqu'au bout leur devoir, et peuvent dire avec fierté, comme le glorieux vaincu de Pavie : « Tout est perdu, fors l'honneur. »

Quand de nouveau sonnera l'heure du combat, nous saurons nous inspirer de l'exemple de nos devanciers (1).

---

(1) Cet opuscule n'est que le résumé des savantes études consacrées au 45e par M. le vicomte Oscar de Poli et M. le capitaine Beslay. Les liens d'amitié qui m'attachent à l'un et à l'autre m'ont dispensé de citer leur nom à chaque page.

Contrôle nominatif des officiers du 45ᶜ au 1ᵉʳ avril 1904.

Colonel Donau.
Lieutenants-colonels Hilpert, Belin.
Chefs de bataillon Teuber, Sarrau, Jullien, Delmas.
Major Estèbe.
Capitaines adjudants-majors Grimmer, Du Bos, Rogier, Mauriot.
Capitaine trésorier Petet.
Capitaine d'habillement Poli.
Médecin-major de 1ʳᵉ classe Jette.
Médecin-major de 2ᵉ classe Doumeng.
Médecin aide-major de 1ʳᵉ classe Maisonneuve.
Lieutenant adjoint au trésorier Rocheron.
Lieutenant porte-drapeau Ferdinand.
Chef de musique Prévost.

Capitaines.

Turnier.	De Franchessin.
Steff.	Marchat.
Petit.	Mollat.
Michel.	Baticle.
Drahonnet.	Gracy.
Demuillière.	Vitrant.
Hulot.	Gaudinau.
Bastien.	Millot.
Diot.	Maurel.
Roustic.	Codevelle.

Lieutenants.

Périnne.	Bellicam.
Robin.	Marchiani.
De Boucheman.	Tencé.
Dessoffy de Czerneck.	Dupont.
Preudhomme.	Rabier.
Bénédittini.	Hanaut.
Brunet.	Delarue.
Leplomb.	Bénédic.
Comès.	Wurtz.
Odienne.	De Ponchalon.
Bouffin.	Masnou.
Engi.	Laplace.
Belleux.	Raoult.

Sous-lieutenants.

Dubost.	Lhuilier.
Bergerot.	Diani.
Ghérardi.	Peiffer.

Liste des officiers tués à l'ennemi depuis l'origine du régiment.

1645

MM. DU LIÈGE, major; D'ARNAUD, capitaine.

1646

M. DE SAINT-JULIEN, capitaine.

1672

MM. DE PRÉFONTVAL, HERNET, BARASSE, MERESSAT, CAPY, capitaines.

1673

MM. CABASSOLE, GRENADIEU, D'ESQUIGNY, capitaines.

1675

M. DE GENLIS-BETHENCOURT, colonel.

1677

MM. DE GENLIS-PROYART, colonel; DE PRÉFONTVAL, lieutenant-colonel.

1703

MM. de Guillancourt, d'Aultry-Varennes, capitaines ; de Clèmes, Guillemot, de Saint-Cerny, Gigy, lieutenants ; du Moulin, capitaine ; de Tesnac, lieutenant.

1705

MM. d'Evrard, capitaine ; de Lauzac, Jenny, de Beauregard, lieutenants ; de Vivens, capitaine.

1706

MM. de Fleury, de Monchy, de Saint-Vincent, de Cany, Grandnom, de Pelletier, capitaines ; Lary, sous-lieutenant.

1707

MM. de Marcieu, de Bonel, capitaines ; de Palastron, colonel : Patrocle, de Flomont, de l'Ormois, Febrieu, Chalvet, d'Eperville, capitaines ; de Bonel, de Monchy, Lavardin, lieutenants.

1711

MM. de Chabans, de Briançon, capitaines ; Duprayet, lieutenant ; de Melun, colonel ; d'Aultry, major ; de Pointis, de Mousselart, capitaines ; de Florignac, de Saint-Martin, de la Baume, de Croy, de Motel, de Briançon, lieutenants.

1714

MM. de Noguès, major ; d'Espagne, La Tour, Montaut, de Mienville, Cambronne, de Briançon, capitaines; Desportes, Olivier, de Pointis, Desrouvières, lieutenants.

1745

MM. de Chauvenet, Sirac, d'Ancreville, Lacan, Puyravaux, capitaines; d'Aussion, aide-major; de Cœsme, Barclier, lieutenants.

1757

M. de Nièceville, capitaine.

1758

MM. de Rochefort, Barin, Dejean, de la Salle, de Champagny, La Mésan, capitaines; Gripoivre, Castres, Jougnoux, Mesallier, lieutenants.

1760

MM. d'Armur, de Cuny, de Boulond, de Vadenay, Devaux, Boisset, d'Andlau, d'Aguisy, capitaines.

1761

M. Poncet, capitaine.

1796

MM. Mermet, Fabre, lieutenants; Morin, Castelin, capitaines; Prudhomme, Verrier, sous-lieutenants.

1797

MM. Bourdeau, capitaine; Benezet, chef de bataillon; Hill, Pouillouse, Ducrot, lieutenants.

1799

MM. Pagès, capitaine; Philippe, chef de brigade; Benezet, chef de bataillon; Moret, capitaine; Hill, lieutenant; Behagle, sous-lieutenant.

1800

M. Deschau, capitaine.

1807.

M. Marchal, capitaine.

1809

MM. Faucher, sous-lieutenant; Georges, Bain, lieutenants; Leduc, sous-lieutenant; Michel, Servet, capitaines; Baillyat, lieutenant.

1811

MM. Berthier, capitaine; Daubagne, lieutenant; Guillebaux, Chatillon, sous-lieutenants; Castelain, capitaine.

1812

MM. Merveilleux, Dalimagne, lieutenants; Rimbaud, sous-lieutenant.

1813

MM. Stouppe, lieutenant; Drouos, sous-lieutenant; Dupont, capitaine; Varé, colonel; Paul, sous-lieutenant; Pinault, Raynaud, Tabord, Senlis, capitaines.

1814

MM. Debout, Sainte-Marie, Viatte, Gabory, lieutenants; Brodard, Macron, sous-lieutenants.

1815

MM. Vallat, Regnault-Brincourt, Guibert, capitaines.

1848

M. Monistral, sous-lieutenant.

1859

MM. Fournier, capitaine; Morand, lieutenant; Arbelet, Jardinet, de Valentin, sous-lieutenants.

1870

MM. Oddou, Faure, Lefebvre, capitaines: Triger, Doléans, Bouret, sous-lieutenants.

1871

M. Claudel, sous-lieutenant.

45e RÉGIMENT D'INFANTERIE

Tableau chronologique

des Chefs de Corps du Régiment.

Duc de VITRY	1643-1657
Marquis de GENLIS	1666-1673
Marquis de GENLIS-BÉTHENCOURT	1673-1675
Marquis de GENLIS-PROYART	1675-1677
Chevalier de GENLIS	1677-1693
Marquis de SAINT-ANDRÉ	1693-1698
Marquis de POLASTRON	1698-1707
Chevalier de TESSÉ	1707-1712
Comte de POLASTRON	1712-1734
Marquis de CHAROST	1734-1735
Duc d'HAVRÉ	1735-1745
Comte de POLASTRON	1745-1758
Comte de MONTBARREY	1758-1761
Comte de BLANGY	1761-1767
Marquis d'AVARAY	1767-1782
Comte de CHOISEUL-GOUFFIER	1782-1784
Marquis de LAMETH	1784-1791
De MOYRIA	1791-1792
BLANDAIN-CHALAIN	1792-1793
GOULUS	1793-1796
PHILIPPE	1796-1799
BARRIÉ	1799-1811
VARÉ	1811-1813
FREYTAG	1813-1814
CHAPUZET	1814-1815
De TOUSTAIN de FROMBOC	1815-1823

TABLE DES MATIÈRES.

Paris et Limoges. — Imp. milit. H. CHARLES-LAVAUZELLE

www.ingramcontent.com/pod-product-compliance
Ingram Content Group UK Ltd.
Pitfield, Milton Keynes, MK11 3LW, UK
UKHW020002100726
13658UKWH00002B/767